Stuhlgang und der Sinn des Lebens

AF192356

Jean-Paul Besser

Stuhlgang und der Sinn des Lebens

Die Antwort auf alles

Bibliografische Information der Deutschen
Nationalbibliothek
Die Deutsche Nationalbibliothek verzeichnet diese
Publikation in der Deutschen Nationalbibliografie;
detaillierte bibliografische Daten sind im Internet
über http://dnb.d-nb.de abrufbar

Impressum
© 2010 Jean-Paul Besser
Herstellung und Verlag:
Books on Demand GmbH, Norderstedt
ISBN 978-3-8391-8290-1

Relationship-Hopping

Kennen Sie Frauen, die immer schon einen neuen Partner haben, bevor die alte Beziehung beendet ist? Manche Männer machen das auch. Relationship-Hopping nennt man das in Neudeutsch. Das ist so eine Art Verhaltensmuster. Das ist, wie wenn man von einem Floß aufs andere springt aus Angst, dass, wenn man zu spät abspringt, man sich auf dem nächsten Floß die Schneidezähne aufschlagen könnte. Verständlich, bei dem was die Kasse zum Zahnersatz dazuzahlt. Timing ist da ganz entscheidend. Dieses Floß-Jumping ist ja inzwischen fast so etwas wie ein Sport. Ich weiß nicht, wie man das üben kann. Vielleicht mit Gummistiefeln von einer Pfütze zur anderen springen.

Aber, meine lieben Damen, meine lieben Relationship-Hopperinnen, täuschen Sie sich nicht. Beim nächsten Mann wird es entgegen der weit verbreiteten Ansicht natürlich auch nicht anders. Nein, das ist eine Illusion. Der nächste Mann ist, natürlich, auch nur eine Pfütze. Nur wenn man springt, hat man die gerade noch so vor sich, und diese Frontalansicht von der Pfütze ist wie eine perspektivische Täuschung. Denn darin spiegelt sich die Sonne so ein bisschen. Aber im Prinzip ist der nächste Mann auch nur ein kleines Dreckloch mit ein bisschen Wasser drin. Das musste zur Verteidigung von uns Männern einfach einmal gesagt werden.

Trägheit

Träge Menschen erfahren viel Unrecht in unserer schnelllebigen Zeit. Der Träge ist im Kapitalismus eindeutig benachteiligt. Ich zum Beispiel bin oft ausgesprochen träge, aber nicht wie ein Kartoffelsack, mehr wie ein Airbus 320. Ich ändere meine Richtung nur ganz, ganz langsam, aber wenn, dann bin ich nicht mehr aufzuhalten. Jedes Gegenargument prallt dann an mir ab, wenn ich meine Richtung erst einmal geändert habe. Fragen Sie meine Frau. Gestern sollte ich den Müll runterbringen, ich habe dann in einem innerpsychischen Prozess entschieden, dass ich lieber das Leergut abgebe, da kriegt man wenigstens noch was dafür. Meine Frau sagt: „Aber der Müll fängt schon zu stinken an!" Keine Chance, ich habe mental schon den Kurs gewechselt, Richtung EDEKA, Äußere Sulzbacher Straße, und ich kann das nicht mehr abändern, nur wegen .... Schimmel. Einfach wie ein Airbus, und sind Airbusse deswegen schlecht? Nein, sie ändern ihre Richtung nur ganz, ganz langsam, denn sonst würde es die Passagiere rumschmeißen wie in einer Achterbahn. Aber ich achte einfach darauf, dass das alles eine angenehme Reise wird für mich und meine Familie, auch wenn der Müll etwas länger liegen bleibt. Sicherheit hat eben ihren Preis.

Loyalitätsfalltür

Ist Ihnen schon einmal aufgefallen: Sobald Menschen heiraten, erzählen sie ihren Freunden nichts mehr über die Probleme in ihrer Beziehung. Vorher war jahrelang der beste Freund oder die beste Freundin der Ansprechpartner für jedes noch so peinliche Partnerproblem, musste sich oft stundenlang ein Ohr abkauen lassen über die unmöglichsten Eigenschaften und unakzeptabelsten Verhaltensweisen. Und sobald die beiden verheiratet sind, geht in Sekundenschnelle nach der Hochzeit die Loyalitätsfalltür zu. Alles ist innerhalb kürzester Zeit hundert Prozent luftdicht abgeschlossen, vakuumversiegelt.

Man könnte sagen, die Ehe ist wie ein Niedrigenergiehaus: Nach außen ist sie so gut abgedichtet, dass man drinnen so viel Luft kriegt, als ob man sich eine Plastiktüte über den Kopf stülpt. Nur, dass nicht stoßgelüftet wird. Die neuen Eheleute lassen nichts mehr nach draußen, weil sie loyal zu ihrem Partner sein wollen und das ist ja eigentlich auch gut so. Neulich frage ich meinen Freund Thomas: „Ist das jetzt mit euren Sexproblemen in der Ehe endlich besser geworden?" Sagt dieser Lügenonkel nur ganz unverschämt zu mir, können Sie sich das vorstellen, sagt der zu mir: „Du, alles bestens, die Ehe tut uns beiden so richtig gut." Die Ehe tut uns beiden so richtig gut? Das war es für mich, seitdem frage ich nur noch, was es zu essen gibt, ob wir Getränke mitbringen sollen oder ob ihre Kinder endlich mal den Schnabel halten können. Mehr frage ich gar nicht mehr, das bringt nichts. Aber lieber Leser, man muss das verstehen, man muss sich Zeit lassen und geduldig sein, spätestens bei der Trennung wird man dafür mit 1500 Details der letzten fünf Ehejahre konfrontiert. Das reicht für die nächsten drei Ehen, wo man dann wieder gar nichts erfährt. Ja, das Leben ist ein Zyklus. Aber mal ganz ehrlich, kann man nicht auch als Freund während einer Ehe ein loyaler Berater sein? Warum denn nicht? Wieso kann eine Frau zu ihrer besten Freundin nicht sagen, auch nachdem sie ihren Lebenspartner gehei-ratet hat: „Also Tina, ganz ehrlich, das mit der Klitoris, das kriegt der nicht mehr hin." Warum geht das nicht? Wahrscheinlich liegt es daran, dass die Partnerschaft vor der Hochzeit so eine Art Mietverhältnis ist. Ähnlich wie beim Automieten: Hauptsache, es fährt, da ist die Innenausstattung sekun-där, man will von A nach B kommen. Aber die Ehe ist mehr wie ein Kaufvertrag, und wer gesteht sich nach einem Kauf schon gerne ein, dass die Ware eigentlich mangelhaft und die Garantie abgelaufen ist? Das ist wie nach dem Autokauf: Die neue Kiste kann die größte Fehlinvestition sein. Man wird sich das am Anfang immer schönreden: „Ja, er liegt nicht ganz so gut in der Kurve wie ein Traktor, was aber überhaupt nichts ausmacht, denn wenn ich in die Arbeit fahre, geht's meistens sowieso geradeaus. Und dafür ist der Aschen-becher so intuitiv zu bedienen, dass ich es manchmal bedauere, dass ich zu rauchen aufgehört habe."

Neue Verkäufergeneration

Wissen Sie, was mir zunehmend auf die Nerven geht? Diese neue freundliche Verkäufergeneration. Love-Selling nennt man das, was die jetzt immer mehr machen. Gerade bei beratungsintensiven Produkten wie Kinderwägen, Schmuck, Mahagoni-Särgen - überall dieses Love-Selling. Das Personal baut dabei so eine intensive emotionale Beziehung zu dir auf. Das ist so täuschend echt. Früher gab es sowas nur bei der Anbahnungsphase im Bordell an der Bar, heutzutage in jedem Einkaufszentrum. Neulich war ich in der ADAC-Geschäftsstelle. Ich wollte eigentlich nur ein paar Scheibenwischer, aber eine sehr attraktive Verkäuferin hat mich überzeugt, dass ich die ADAC-Platinmitgliedschaft brauche, „weil da sind jetzt zwei Leichenrücktransporte gratis mit dabei". Ich denke mir: „Das ist aber praktisch, kann man etwas schneller fahren im Urlaub, kommt man schneller an." Aber sie war so emotional, als sie mich beraten hat, ich hatte das Gefühl, dass sie im tiefsten Inneren spürt, dass wir beide so eine Art Seelenverwandtschaft haben. Dabei hat sie wahrscheinlich nur daran gedacht, wo sie abends ihr Leergut abgibt. Und was mich irritiert hat: Nachdem ich gezahlt hatte, hat sich unsere Beziehung schlagartig verändert. Ich fühlte mich wie ein Freier, der zum Höhepunkt manipuliert worden ist und jetzt möglichst schnell die Kurve kratzen soll. Aber was ist mit den großen Gefühlen, bevor die EC-Karte durchgezogen wird? Ist das, meine Damen und Herren, Bullshit? – Nein, es ist Marketing und das ist das Traurige.

Lotto

Ich bin ein begeisterter Lottospieler. Viele Bekannte sagen zwar: „Weißt du überhaupt, wie hoch die Chancen sind, zu gewinnen? Nicht einmal eins zu einer Trillion." Kennen Sie solche Leute? Das sind übrigens meistens auch die Leute, die aus der Kirche ausgetreten sind, nur so am Rande. Diese Superrationalisten, meistens Akademiker, arbeitslos, weigern sich hartnäckig, Lotto zu spielen. Das wäre eine Beleidigung ihrer intellektuellen Redlichkeit. Was diese Leute nicht wissen, dass muss ich zu deren Ehrenrettung sagen: Es gibt inzwischen eine hundertprozentige Methode, um im Lotto zu gewinnen, von mir entwickelt. Aber das verrate ich natürlich, ich glaube, das ist klar, wirklich nur Ihnen. Bitte, behalten Sie es für sich, weil sonst die Gewinnquoten nach unten rasseln. Wenn das jeder macht, verlieren wir alle. Alle verlieren wir dann. Also, bitte, nehmen Sie es mit ins Grab. Diese Methode funktioniert folgendermaßen: Ich habe so ein Lottosoftwareprogramm, da ist die Ziehungsstatistik der letzten vierzig Jahre enthalten, zum Beispiel die am häufigsten gezogenen Zahlen, die am wenigsten häufig gezogenen Zahlen. Und jetzt kommt das Entscheidende: Ich werte die Statistik aus, gehe dann meistens ziemlich genau am Samstag um elf Uhr in eine Kneipe, trinke fünf Bier - nicht vier, nicht sechs, sondern fünf Bier -, suche dann die nächste Lottoannahmestelle auf und, jetzt kommt es, das ist das Entscheidende, ich schließe ganz kurz die Augen und schreibe dann alle sechs Zahlen in einem Rutsch auf, die mir in diesem Moment in den Sinn kommen. Also diese Methode funktioniert immer, ich sage immer. Eine Kombination aus Wissen und Weisheit ermöglicht, dass man kosmische Energie so in seine Richtung lenkt, dass man gewinnt. Wie bitte? Wie viel ich schon gewonnen habe? Ja, sind Sie wahnsinnig, wissen Sie, wie Sie von Handwerkern und Autowerkstätten abgezockt werden, wenn die wissen, dass sie richtig Geld haben? Also, das wird natürlich nicht verraten, aber Sie müssen es ja nur einmal selbst ausprobieren. Viel Spaß dabei, aber achten Sie darauf, dass Sie am Sonntag genug Aspirin im Haus haben.

Im Angesicht des Todes

Ich bin vor kurzem erst dreißig geworden, 1998 war das, und wenn ich an diesen Tag zurückdenke, tritt mir heute noch der Angstschweiß auf die Stirn. Das Catering war katastrophal, wirklich indiskutabel. Aber an meinem dreißigsten Geburtstag habe ich zum ersten Mal gemerkt, dass wir alle eigentlich im Angesicht unseres eigenen Todes leben. Ich weiß nicht, ob Sie das schon wissen, ob man Ihnen das schon gesagt hat. Ja, das vergisst man gern. Denn das Leben ist wie eine Bergbesteigung, wie ein Gang auf die Zugspitze. Bis dreißig weißt du zwar: auf der anderen Seite ist der Tod. Den siehst du aber erst mal nicht, weil da der Berg davor ist. Aber du krabbelst so hoch, du werkelst so umeinander und es geht immer bergauf und irgendwann mal mit dreißig, fünfunddreißig bist du oben auf dem Gipfel und fragst dich ganz nachdenklich: Hab ich eigentlich den Herd daheim ausgemacht? Du schaust runter ins Tal und siehst zum ersten Mal den Tod, da zwischen Garmisch und Mittenwald. Das ist so ein Gefühl wie im Flugzeug, wenn man ganz zufällig rausschaut und das brennende Triebwerk sieht. Da denkt man sich ja auch: „Jetzt serviert halt endlich das Essen!" Man will ja

16

aufgegessen haben bis zum Aufprall, wenn man das schon alles gezahlt hat. Das Gefühl kennen Sie bestimmt von ihrem dreißigsten oder vierzigsten Geburtstag.

Call-Center

Es gibt immer mehr Arbeitsplätze in Call-Centern. Der Nachteil bei einer Tätigkeit im Call-Center ist, dass dieser Job langfristig zu einer massiven Persönlichkeitsspaltung führt. Denn Psychologen haben herausgefunden, dass es die Psyche schwer belastet, wenn man in der Kommunikation mit einem anderen Menschen immer genau das Gegenteil von dem macht, was man eigentlich intuitiv machen will. So etwas gibt es sonst eigentlich nur in guten Ehen. Wenn zum Beispiel der Kunde am Telefon schreit: „Es ist mir scheißegal, ob Sie das Päckchen rausgeschickt haben oder nicht, ich habe es nicht bekommen, und es war das Geschenk für meine Frau zum dreißigsten Hochzeitstag, der gestern war. Wissen Sie, was ich mir habe anhören müssen, sie minderbemittelter, völlig begriffsstutziger Arsch mit Ohren?" Und der arme Call-Center-Mitarbeiter muss erwidern: „Ich verstehe, dass Sie verärgert sind, und ich bedaure die Unannehmlichkeiten, die Ihnen entstanden sind,sehr, ich werde umgehend dafür sorgen, dass das Päckchen nochmal rausgeschickt wird und ich werde mich persönlich dafür einsetzen, dass Ihnen eine erlesene Flasche französischer Rotwein zukommt mit einem Grußwort von unserem Abteilungsleiter." Das ist doch gemein, der Versand hat das verschlampt und die arme Sau im Call-Center hat daran soviel Schuld wie der Dalai Lama am Irak-Krieg. Aber der Call-Center-Mitarbeiter muss so reagieren, fast wie in einer guten Ehe, in der die Frau nach vierzig Jahren zu ihrem Mann sagt: „Herbert, ich hasse dich, ich weiß wirklich nicht, warum ich dich geheiratet habe, du hast schon wieder die Zahnpastatube offen gelassen." Und der Alte darauf hin reagiert: „Ich bedauere das sehr, Anneliese, dass ich so nachlässig und unsensibel war, und ich weiß, dass ich egal, was ich mache, dies nie wieder gutmachen kann, aber als Entschuldigung und kleines Zeichen meines guten Willens bringe ich gleich den Müll runter und putze das Klo so gründlich, dass es so sauber ist wie damals bei unserem Einzug 1963."

Altern

Ein Grundproblem ist heutzutage - wir altern zwar, aber unsere Identitäten altern nicht mehr mit. Kennen Sie einen Fünfundvierzigjährigen, der sich nicht wie Ende zwanzig fühlt, eine sechzigjährige Frau, die sich nicht wie Mitte vierzig fühlt? Es gibt so eine Art Time-Lag. Von außen verzutzeln wir alle wie ein Wiener Schnitzel, das man vergessen hat vom Herd zu nehmen, aber innerlich altern wir nicht mit. Lieber Gott, was hast du dir dabei gedacht? Wäre es nicht besser, man könnte sich mit siebzig fühlen wie, sagen wir mal, mit fünfundsechzig? Oder lassen Sie mich der Advocatus Diaboli sein, lassen Sie mich das Undenkbare denken, wieso kann man sich nicht mit siebzig fühlen wie mit siebzig? Das würde doch viel Druck von uns nehmen. Man könnte sich abends einfach auf die Couch legen und sagen: völlig egal, ich bin siebzig und das ist auch gut so. Wenn man sich mal überlegt, wieviele tausend Hektoliter an Gesichts- und Anti-Aging-Creme wir im Laufe unseres Lebens sinnlos auf unserer Haut verstreichen, damit könnte man wahrscheinlich fünf Jahre lang ein Dorf in Afrika ernähren. Oder wieso kann es nicht so sein, dass die Identitäten schneller altern und der Körper sich dafür länger jung hält? Stellen Sie sich vor, Sie sind eine fünfundachtzigjährige Frau und haben das Aussehen einer zwanzigjährigen Studentin. Ja, da gäbe es keinen Generationenkrieg, sondern ein Generationen-Happening.

Weil der Sex-Drive, der gehört ja zum Körper. So an der Bar: „Ach komm, Studentchen, ich geb dir noch einen Tequila aus, weißt du, Adenauer, war für uns wie ein Neubeginn. Man konnte in der NSDAP gewesen sein und war trotzdem wieder Mensch. Hast du Lust? Gehen wir zu mir oder zur Wohnung von deiner Mama?"

Placebos

Wir alle wissen, dass Placebos wirken, aber jetzt hat man tatsächlich herausgefunden, dass teurere Placebos noch besser wirken als billigere. Interessant, ganz ehrlich, brauchen wir einen noch besseren Beweis, dass Homöopathie tatsächlich wirkt? Jetzt müssten doch die Krankenkassen endlich kapieren, dass bei der Heilbehandlung vor allem der Verstand ausgetrickst werden muss. Das ist das Entscheidende. Dass der Arzt mit einem mal fünf Minuten redet, bevor er die Diagnose stellt, gut, die Zeiten sind vorbei. Das kann das Gesundheitssystem nicht mehr leisten, das ist unbezahlbar, das ist völlig klar. Aber warum dann nicht wenigstens Placebos auf Rezept, bei dem der Preis dick und fett oben draufsteht, die Zuzahlung fünfzig Euro beträgt, und man könnte dann damit die meisten eingebildeten Kranken und deren Patchworkfamilien heilen. Ich gebe zu, das war jetzt ein bisschen visionär, aber warum denn nicht mal fünf Minuten in die Zukunft denken? Placebos, das ist definitiv die Zukunft. Der Schein würde endlich auch in der Medizin über das Sein triumphieren, fast wie früher im Mittelalter. Was haben die damals schon für tolle medizinische

Placeboheilungen gemacht, bis hin zur Ultrahocherhitzung, also Scheiterhaufen. Ja, der heilenden Kraft der Wärme hat man damals noch einen ganz anderen Stellenwert eingeräumt. Aber auch in unserem modernen Leben sind doch die Placebos die Sachen, die uns letztlich am Leben erhalten, auch in anderen Lebensbereichen: Oper, Fußballbundesliga, Kirchenbesuch, Rockkonzerte, Partys, sich besaufen. Das sind doch alles letztlich nichts anderes als Placebos, kulturelle Placebos sozusagen, gegen die uns allen innewohnende zivilisatorische Grundangst. Denken Sie mal drüber nach, vielleicht wenn der Fernseher mal kaputt ist.

Perfektes Paar

Kennen Sie auch Leute in Ihrem Bekanntenkreis, die so eine nach außen getragene perfekte Beziehung führen? Wo sich alle neidisch fragen: „Mensch, Thomas und Sandra, wie machen die das? Seit zwölf Jahren sind sie immer noch ein Herz und eine Seele." Man hat so den Eindruck, ihr Lebenssinn hängt direkt damit zusammen, dass sie ihre vorbildlich perfekte Beziehung wie eine Monstranz bei der Fronleichnamsprozession vor sich hertragen. Fast ein bisschen wie die Zeugen Jehovas. Die geben dir auch so ein Gefühl mit ihrem wissenden und gleichzeitig wohlwollend überheblichen Blick, der so sagt: „Wenn ihr so wie wir leben würdet, dann wärt ihr auch so glücklich." Da müssen Sie mal drauf achten. Solche Vorzeigepaare und die Zeugen Jehovas haben das echt gemeinsam, diesen fanatischen Glauben, diesen gläsernen Blick durch die jahrelange Selbsthypnose und Autosuggestion „Wir sind glücklich, wir sind glücklich", obwohl du schon an der Körpersprache merkst, wenn die sich irgendwann mal ihre angestauten Zweifel eingestehen, dann gibt es eine spirituelle Krise von so einem Ausmaß, dagegen wirkt ein Tsunami wie eine mittelgroße Welle im Spaßbad.

Bibel

Ich möchte die Gelegenheit nutzen, um eine Lanze für die Bibel zu brechen. Die Bibel hat doch heutzutage fast keine Lobby mehr in unserer Gesellschaft. Alle fühlen sich aufgerufen, daran rumzumäkeln. Mich regen diese kleinkarierten Nörgler auf, wie mein Bekannter Daniel, der immer wieder sagt: „Überleg doch mal, Jean, das kann doch einfach nicht sein, dass das, was in der Bibel steht, wortwörtlich stimmt. Die Wissenschaft ist sich doch inzwischen einig, dass die Bibel unhistorisch ist, und deshalb kann es keinen christlichen Gott geben.

Das ist der Beweis, und wer daran glaubt, was die unterschiedlichsten Wichtigmacher in ihren religiösen Neurosen in zweitausend Jahren zusammenfantasiert haben, und wer das noch ernst nimmt, der ist einfach nur dumm, Pardon, unaufgeklärt."

So wird doch heutzutage über die Bibel gesprochen. Wissen Sie, und so etwas finde ich kleinkariert. Da können Sie mich einen religiösen Eiferer nennen, das ist mir ganz egal. Kleinkariert ist das. Oder wie Voltaire sagt: „Das Wissen hat die Weisheit verdrängt." Natürlich ist vieles, was in der Bibel steht, so fiktiv wie alle Bücher von Konsalik und Stephen King zusammen,

das ist doch klar, da haben diese kleinkarierten Grieskrämer ja recht, aber was
beweist das: richtig, nichts. Denn in der
Bibel, meine Damen und Herren, stecken
zweitausend Jahre kollektive mystische
Vorahnungen unserer Vorfahren, Vorvor-
fahren und deren Cousins und Cousinen.
Kollektive mystische Vorahnungen, meine
Herren Atheisten, meine Frauen Agnostik-
erinnen! Verstehen Sie das doch bitte mal,
die Bibel ist keine Gebrauchsanweisung
und auch kein Handbuch, aber vor diesen
kollektiven mystischen Vorahnungen kann
man doch zumindest Respekt haben, auch
wenn man nicht an jeden Buchstaben
glaubt.

Also, das war vorab eine kleine Einweisung
in die Mystik des späten Jean-Paul Besser.
Meine Glaubensbrüder und ich, wir treffen
uns einmal im Quartal in einem Pilspub in
Kreuzberg, wir reden, meditieren und
erweitern unser Bewusstsein mit der Kraft
unserer Gedanken und einigen Gläsern
Bier. Das ist eine mystische Grund-
erfahrung, zu der ich Sie gerne einmal
einlade. Das sollte man im Leben
mindestens einmal mitgemacht haben.
Aber ganz im Ernst, neben den
unbelehrbaren Atheisten gibt es natürlich
auch die unbelehrbaren Gläubigen.
Manche nehmen die Bibel wörtlich,

manche sagen, die Bibel muss man interpretieren, wieder andere sagen: „Es gibt nur eine Art, die Bibel zu interpretieren, so wie wir das machen, weil das steht ja schon in der Bibel, das kann man da schon zwischen den Zeilen rauslesen, wie die Bibel zu interpretieren ist, und wer das nicht checkt, hat halt von vorne bis hinten keine Ahnung." Egal wie, ich halte mich bei derartigen Interpretationswettbewerben zurück. Dennoch hat die Bibel für mich eine gewisse mystische, anekdotische Relevanz und das ist auch gut so. Basta!

Talkshow-Wissen

Ich gebe es ganz ehrlich zu, ich bin ein Polit-Talkshow-Junkie, ich brauche das, wie die Luft zum Atmen. Viele schimpfen ja über die Polit-Talkshows, ich finde sie toll, ich finde sie fast schon lehrreich. Man muss allerdings auch zuhören können bei diesen Polit-Talkshows, denn wie es ein Philosoph einmal so schön gesagt hat: „Lerne zuhören und du wirst auch von denjenigen Nutzen ziehen, die dummes Zeug reden." Also da kann man einiges lernen an rhetorischen Scheingefechten, Ablenkungsmanövern und vor allem von der hohen rhetorischen Kunst, auf eine Frage der Moderatorin die Antwort so zu formulieren, dass man in der Antwort möglichst viel von seinem eigenen Unsinn profilträchtig mit unterbringen kann und dadurch so ganz nebenbei, fast zufällig von seinen Fehlern ablenkt. Also mit einem Wort, da kann man viel für seine Beziehung lernen. Wenn Ihre Frau sagt: „Hast du eigentlich die zwei Kisten Mineralwasser, wie ausgemacht, beim Aldi gekauft?", kann man ziemlich souverän antworten: „Ich komme gleich auf deine Frage zurück, Liebling, aber wusstest du, dass abgefülltes Wasser seltener kontrolliert wird als Leitungswasser, dass die Wahrscheinlichkeit, eine bakterielle Vergiftung beim Verzehr von Mineralwasser aus dem Supermarkt viermal größer ist als die Wahrscheinlichkeit, dass die SPD nochmal über fünfunddreißig Prozent kommt? Schatz, lass es mich so sagen, ich habe meine Sorgfaltspflicht ernst genommen und zur aktiven Gefahrenabwehr keine Kisten Wasser vom Aldi geholt, um uns alle zu schützen und unseren Haushalt auch langfristig zukunftsfest zu machen. Also, letzter Satz, wenn du Durst hast, dann trink in Gottes Namen Leitungswasser." Ohne dieses Talkshowwissen könnten Sie nur sagen: „Ganz ehrlich, ich hab`s vergessen." Das ist natürlich ein bisschen wenig. Da kommt man gleich ganz schnell in die Defensive.

Maschinist

Ich finde es traurig, dass man heutzutage eine Maschine besser behandelt als einen Menschen. Wenn man eine Maschine konstruiert, dann schaut man darauf, dass die tägliche Leistung so ausgelegt ist, dass die Maschine über die gesamte Laufzeit von, zum Beispiel, zwölf Jahren in der Lage ist, diese Leistung zu erbringen. Aber wie sieht es im Arbeitsleben aus? Wer am Fließband knüppeln muss, der ist spätestens mit fünfundfünzig alle, hat aber noch mehr als ein Jahrzehnt bis zur Rente. Das ist so, als ob die Maschine nach acht Jahren kaputt wäre. Dann würde man sagen: „Welche Pfeife hat die Maschine so übertourig laufen lassen, die Wartungsintervalle wurden ja gar nicht eingehalten!" Oder im Büro. Die psychischen Krankheiten nehmen zu. Immer mehr Leistung in weniger Zeit, aber was hilft das, wenn ich mit fünfzig meschugge bin, weil ich nach dreißig Jahren Fünfzig-Stunden-Woche einfach keine Puste mehr habe? Darum sage ich: Ich bin kein Humanist, ich bin ein Maschinist. Behandelten wir die Menschen ein bisschen mehr wie Maschinen, wir wären alle besser dran, wir würden länger laufen und vielleicht die Rente noch erleben, scheckheftgepflegt, na, wäre das nichts?

Hauptsache Nebensache

Manchmal ist eine Nebensache als Nebensache eine gute Sache, aber wenn sie zur Hauptsache wird, merkt man erst, dass sie überhaupt nicht zur Hauptsache taugt. Wie zum Beispiel der Wetterbericht nach den Tagesthemen, ein grafisches und wortreiches Feuerwerk, bei dem man sich fragt: „Kann zwischendrin mal irgendjemand sagen, wie das Wetter morgen wird?" Oder Fußball, er ist die schönste Nebensache der Welt, aber sobald er zur Hauptsache wird, indem man sich so reinsteigert, dass man sich drei Dauerkarten kauft, obwohl man alleine ist und nach einer Heimniederlage des Vereins in psychiatrische Behandlung muss und überhaupt über nichts anderes mehr reden kann, dann stellt man fest, Fußball taugt nicht zur Hauptsache. Außer man ist Profi und verdient zehn Millionen. Genauso wie Sex als Hauptsache überhaupt nicht geeignet ist. Eine leidenschaftliche Nacht ist schön, aber jeden Tag auf den Strich gehen oder vierundzwanzig Stunden Pornos angucken, das reicht einfach nicht zur Hauptsache und man verliert sich dabei ein bisschen. Weil manche Dinge einfach nicht taugen zur Hauptsache. Viele Frauen merken das erst, wenn ihre Ehemänner in

Rente gehen und den ganzen Tag daheim rumhängen, nach dem Motto „Ganz ehrlich, Dieter, ich liebe dich, aber als Hauptsache bist du mir einfach zu anstrengend, geh in die Stadtbibliothek und lies alle Tageszeitungen von hinten bis vorne durch, dann kommst du um sieben heim, und dann gibt's ein schönes Abendessen und wir unterhalten uns fünf Minuten." Aber ein Ehemann als Hauptsache - völlig indiskutabel.

Sozialistische Utopien

Ich darf mich ganz kurz als sozialistischen Utopisten outen. Ich habe endlich einen Weg gefunden, meine Ideen auch der bürgerlichen, spießigen und komplett verkopften Riester-Renten-Burgeoisie einmal näher zu bringen. Nehmen wir ein Beispiel aus der Produktion. Überall wird heutzutage im Drei-Schicht-System gefertigt. Nachts malochen führt aber bekanntermaßen zu Depressionen und Schlaflosigkeit, denn man muss ja während der Nachtschicht arbeiten, schlafen ist da nicht drin, der Mensch altert schneller, wird schneller krank, stirbt früher und zu allem Überfluss neigt der Nachtschichtler auch noch zu Impotenz. Also ein toter und dazu impotenter Mann, also ich denke, meine Damen, ich denke, ich spreche Ihnen da aus dem Herzen, das wäre nicht unbedingt Ihre erste Wahl, das wäre vermutlich, wie mit einem Franken Sex zu haben, oder mit einem Finnen, die sind ähnlich leidenschaftlich. Ich als utopistischer Sozialist sage: „Hören wir endlich auf mit diesem unsäglichen Unsinn! Wenn ich einmal beruflich die Gelegenheit dazu habe, Diktator zu werden, wird sofort am nächsten Tag ein Gesetz erlassen, in dem ganz genau drinsteht, damit es für jeden eindeutig ist, klipp und klar: Es bleibt im Prinzip erst mal alles beim Alten, aber weil das alleine nicht reicht, würde ich einen kleinen Zusatz machen, so eine klitzekleine Fußnote im Gesetzestext, so mit Schriftgröße 9, Times New Roman: Es darf in allen Betrieben nur noch in Tagschicht gefertigt werden." Angenommen UNICEF, UNO und Aral würden so ein Gesetz übernehmen, dann würde in China, Indonesien, in Amerika sowie in Deutschland nur am Tag gearbeitet. Schluss mit dem sinnlosen Verdrängungswettbewerb. Die Menschen würden gesünder leben, würden älter, hätten mehr Zeit für ihre Familien, wären fruchtbarer und kein noch so aufgeblasener wirtschaftsliberaler Kampfideologe könnte sagen, das sei Gift für die Wirtschaft. Weil überall die gleichen Bedingungen herrschen. Die Autos werden trotzdem gebaut. Ich frage Sie, ist das so eine barbarische Gleichmacherei, unterdrückt das die Menschen, nur weil die Menschen nachts da sein können, wo sie hingehören, ins Bett? Aber wenn ich so richtig im Machtrausch wäre, würde ich weitermachen mit meinen sozialistischen Utopien. Wenn ich in Fahrt bin, dann höre ich so schnell nicht mehr auf mit der Utopiererei. Die Arbeitswoche wird mit einem Federstrich auf die Drei-Tage-

Woche reduziert, überall! Gott sagt, du sollst am siebten Tage ruhen, Jean-Paul Besser sagt, du sollst nach drei Tagen relaxen. Was hilft der ganze Produktivitätsfortschritt der Maschinen, wenn die Menschen immer mehr arbeiten müssen. Das ist doch kein Fortschritt. Der liebe Gott war noch nie bei BMW am Fließband gestanden, der weiß nicht, was das für ein Knochenjob ist. Drei Tage arbeiten, wäre das wirklich so barbarisch? Ich sage Ihnen, wenn Sie mich wählen, werden sich mit diesen zwei Gesetzen die Lebensverhältnisse von Millionen Menschen schlagartig verändern. Der sozialistische Traum, der Himmel auf Erden, wird endlich Wirklichkeit, ohne dass auch nur ein Systemkritiker um die Ecke gebracht werden muss, weil diese Ideen im Grundgesetz verankert werden. Und ansonsten herrscht stinknormale langweilige Demokratie mit „Wetten, dass...?" und „Deutschland sucht den Superstar".

Kulturelles Ventil

Ich liebe diese Fußball-Welt- und Europa-
meisterschaften! Nächstes Jahr ist es ja
wieder so weit. Das ist das Schöne: Egal,
welches Jahr gerade ist, im nächsten Jahr
ist immer irgendein Turnier, oder zumindest
im Jahr darauf. Nein, aber ich finde so ein
Fußballturnier echt klasse, das ist ein
bisschen wie Weltkrieg spielen, ohne diese
ganz drastischen Konsequenzen, so wie
früher fünf Jahre Gefangenschaft. Das hat
sich immer so hingezogen, da wurde einem
ganz schnell langweilig. Das ist bei diesen
FIFA-Turnieren nicht der Fall und das ist
eigentlich ganz gut so. Man könnte sagen,
so ein großes internationales Fußballturnier
ist für den Kriegstrieb, also für die Kriegs-
lust das, was die Prostitution für die unter-
drückte Sexlust verklemmter Männer ist,
die keine Frau abbekommen. So eine Art
kulturelles Ventil, um etwas Druck aus dem
Schnellkochtopf zu lassen. Denn dort ist
halt auch so ein explosives Gemisch aus
animalischen und kulturellen Wider-
sprüchen drin. Und wenn man das durch
so ein Fernsehereignis wie die WM etwas
ausgleichen kann, dann ist das eine ganz
feine Sache. Also dafür zahle ich als
Pazifist und ehemaliger Zivildienstleisten-
der gerne meine Fernsehgebühren.

Dating-Lebenslauf

Das Kennenlernen ist schon immer auch mit Stress verbunden. „Was denkt sie? Was macht sie aus? Kann ich ihre schlimmsten Macken akzeptieren oder treibt sie mich damit irgendwann zum Wahnsinn? Ich bringe sie um, sitze den Rest meines Lebens im Hochsicherheitstrakt, werde von meinen Mitgefangenen täglich aufs Rüdeste malträtiert" - das sind ganz normale Fragen, die man sich stellt, wenn man jemanden kennenlernt, das kennen Sie alle. Ich finde, vieles wäre einfacher, wenn jeder einen Dating-Lebenslauf von sich erstellt, mit einem schönen Bewerbungsfoto, so dass jeder schon vor dem Blind Date einen ersten Überblick hat, was ihn erwartet. „Ah, interessant, 98 bis 99 war sie mit einem Zahnarzt verheiratet, gefolgt von drei Kurzbeziehungen, acht One-Night-Stands, eine Ehe von 2005 bis 2008 mit einem Heilpraktiker aus Wanne-Eickel, im Bereich Weiterbildung zahlreiche Seminarbesuche in Esoterik." Da hätte man schon mal ein paar Eckdaten, um zu sehen, was Sache ist. Man könnte beim Blind Date statt sinnlosem Small Talk auch sofort ganz gezielte Fragen stellen: „Tanja, die Ehe mit dem Zahnarzt, warum ging die den Bach runter? Welche Macken deinerseits haben dazu beigetragen, dass der arme Kerl so schnell das Weite gesucht hat wie ein Jogger auf der Flucht vor einem Kampfhund?" Doch ob es dann alles besser wäre? Ein Dating-Lebenslauf wäre wie der normale Lebenslauf letztlich auch nichts anderes als eine im perfekten Layout verfasste Lüge, zumindest Teile davon. Und das Problem ist: Man weiß nie, welche Teile davon wahr sind. Vielleicht sollte man sich dann doch lieber ganz klassisch und traditionell auf die sechzig Sekunden Augenkontakt beim Speed-Blinddate verlassen.

Entscheidungskomplexität

Der Ölpreis und die Energiekosten bleiben auf absehbare Zeit auf hohem Niveau. Immer mehr Menschen, selbst aus der Mittelschicht, sind dadurch vor immer neue Entscheidungen gestellt. Viele müssen sich entscheiden: entweder heizen oder neue Zähne einsetzen lassen. Die Entscheidungskomplexität nimmt dadurch zu. Sitzt man lieber mit drei Strickjacken im Winter in seiner Wohnung und kann dafür auch mal was kauen, was ein bisschen härter ist als Spinat, oder mag man es im Winter lieber schön kuschelig warm und kann dafür nur noch Suppe löffeln und Leitungswasser trinken? Das ist wirklich keine einfache Entscheidung, weil neue Zähne inzwischen fast so teuer sind wie ein kleiner Neuwagen. Darum muss man sich schon wieder entscheiden: Ist man lieber mobil, oder entscheidet man sich für neue Zähne, um im entscheidenden Moment auch mal ein gespieltes Lächeln aufsetzen zu können, wenn es die Situation erfordert, und man fährt eben Bus. Immer sind Entscheidungen zu treffen, auch wenn es inzwischen neue Hilfsangebote gibt. In vielen Autohäusern kann man inzwischen auch seine dritten Zähne in Zahlung geben für einen Neuwagen. Allerdings, die Zahnärzte nehmen noch keine Gebrauchtwagen in Zahlung. Aber dafür kann man jederzeit sein Zahngold zu Bargeld machen, ganz praktisch. Damit hat man quasi seine ganz persönliche inflationssichere Goldreserve direkt in der Fresse. Man ist da auch besser gegen Diebstahl gefeit, weil die wenigsten Diebe sich heute noch die Zeit nehmen für einen gepflegten Zahnraub, so wie das in der guten alten Zeit üblich war, als der Mundräuber mit sehr viel Sensibilität die Entfernung des Goldzahnes eingeleitet hat: „Hände hoch, Kopf bitte etwas nach hinten legen, das tut jetzt ganz kurz ein bisschen weh....Vielen Dank, jetzt können Sie sich das Blut im nächsten Badezimmer abwischen. Ich gebe Ihnen noch Antibiotika, die nehmen Sie dreimal am Tag, bis die Packung leer ist. Und sagen Sie nur ein Wort zur Polizei, sind das nächste Mal die Keramikfüllungen dran." Sowas passiert gar nicht mehr, weil sich die Gauner keine Zeit mehr nehmen. Es muss alles schnell gehen, es geht gar nicht mehr darum, eine Beziehung zu seinem Gewaltopfer aufzubauen. So ein Verbrecher sieht sein Opfer nur noch wie ein Vorstandsvorsitzender seine Mitarbeiter: schnell auspressen wie eine saftige Blutorange, und dann weg mit der nutzlosen Schale.

Lebendig begraben

Letzten Freitag haben wir Freunde besucht, die gerade neu gebaut haben. Die haben so ein Niedrigenergiehaus, da ist doch immer so eine trockene Luft. Ich habe nach einer halben Stunde Atemnot bekommen, ganz ehrlich, ich habe mich gefühlt, als ob mir jemand eine Plastiktüte über den Kopf gezogen hätte. Niedrigenergiehaus, eine tolle Sache. Ich fand unseren Besuch nur ein bisschen ungemütlich, alle zwanzig Minuten sprangen die Gastgeber wie von der Tarantel gestochen auf, um stoßzulüften. Es ist nicht ganz so schlimm, die meisten Erstickungsanfälle lassen ungefähr fünf Minuten nach dem Stoßlüften etwas nach, man kriegt wieder Luft. Die Gastgeber haben dann meistens einen hochroten Kopf und sagen, total außer Atem, kurz vor dem Kollaps, aber voller Stolz, nachdem sie zum zehnten Mal die Terrassentür aufgerissen haben: „Wir sparen unheimlich viel Heizkosten mit dem Haus, und zwischendrin muss man halt einfach immer etwas lüften." Da muss man einfach immer etwas lüften. Also ganz ehrlich, Energiesparen, was gegen den Klimawandel tun, da bin ich völlig d`accord. Aber wenn ich mir ein Haus kaufe, dann will ich mich da drin nicht so fühlen wie jemand, der lebendig begraben ist und nach Luft schnappt. Nicht, wenn ich dafür 400.000 Euro hinlege. Das wäre was anderes, wenn das Haus 200 m2 Wohnfläche hat und nur 10.000 Euro kostet. Dann kauft man sich halt ein Asthmaspray, dann geht das schon. Aber für 400.000 Euro - das ist doch Wahnsinn!

Überschätzt

Wissen Sie, wer meiner Meinung nach massiv überschätzt wird? Dieter Bohlen, nein - Piloten. Ich bin fest davon überzeugt, Piloten sind die am meisten überschätzte Berufsgruppe. Natürlich, man muss starten können, und man muss landen können. Zugegeben, aber ganz ehrlich, irgendwann nach hundert Flügen hat man das drauf und dann ist man im Endeffekt nichts anderes als ein Busfahrer. Man darf keinen Alhohol trinken während der Arbeit, dann kommt die Haltestelle, dann landet man halt. Dann schaut man, dass nicht irgendein Blödmann seine Finger in der Tür einzwickt, zwischendrin fliegt man wieder. Also ganz ehrlich, was ist der Unterschied zwischen einem Piloten und einem Busfahrer? Piloten haben vielleicht mehr Chancen bei den Frauen. Ja, das sind Sachen, die müssen zwischendurch einfach einmal ausgesprochen werden.

Vaterfigur

Gott ist wie ein Papa im Himmel. Wenn alles schiefläuft, hofft man, dass der Papa das wieder richten kann: aufgeschlagenes Knie, kaputtes Fahrrad, unheilbare Krankheit. Man hofft doch irgendwie, dass der Papa einen aus dem ganzen Schlamassel wieder rausholt. Der Papa wird's schon richten, der gute alte Papa ist unser bestes Stück.

Empathie

Alle Welt ist heutzutage so reflektiert, so empathisch und verständnisvoll. Jeder sagt so Sätze wie: „Ich bin okay, du bist okay, deine Schwester ist ne Schlampe, aber das ist auch okay, solange sie sich gut fühlt dabei." Manchmal wünschte ich mir, dass man wieder mehr zu sich selber findet und sich wieder so Sätze sagen traut wie: „Das ist nicht okay, Susanne, ich kann und will mich momentan nicht in dich hineinversetzen. Susanne, wenn ich mich nicht in dich hineinversetzen will, meine ich doch nicht, dass wir keinen Sex haben sollen. Susanne, das ist das Problem, du nimmst alles zu wörtlich. Ich meine nur, ich will mich nicht in deine gefühlte Position hineinversetzen, dies verstehen und wert-schätzend annehmen müssen. Kann ich nicht einfach einmal sagen, das Abend-essen war schlecht, mir hat das Essen nicht geschmeckt und es hat wahr-scheinlich was mit dir zu tun, weil du einfach immer so schusselig bist und wieder zu viel Salz reingeschüttet hast, als ich dich vorhin versehentlich am Herd geschubst habe?" Das muss doch einfach mal möglich sein.

Selbsthilfegruppe

Ich denke ernsthaft darüber nach, eine Selbsthilfegruppe zu gründen. Ich hoffe, Sie halten mich deshalb jetzt nicht für ein Weichei - Selbsthilfegruppe und so. Ich war lange Jahre ein bekennender, süchtiger, abhängiger, total durchgeknallter Tagesgeld-Zinsjäger. Ich war ein - im Milieu sagt man - Zinshopper. Kennen Sie nicht Hopping? Aber Sie kennen doch Religion-Hopping: Buddhismus, Taoismus, ein bißchen Kirchentag, also immer auf der Suche nach dem nächsten Kick. Gut, der krankhafte Zinshopper verfolgt wie ein hypnotisiertes Kaninchen die Zinssätze für Tagesgeldkonten und schichtet dann wie im Rausch immer wieder völlig sinnlos sein ganzes Geld um. Bei mir ging es damals los wie bei vielen Zins-Junkies 2003. Ganz kommod DIBA: 3,8 Prozent. Ich war zum ersten mal im Zins-High, man hat dann so ein dämliches Grinsen im Gesicht, man könnte sagen, die DIBA hat mich angefixt. Das hat nicht lange angehalten, dann habe ich erfahren: Comdirect 4,25 Prozent. Also alles wieder umgeschichtet, dann kurzer Zwischenstopp bei Consors, 4,4 Prozent auf Einlagen bis 20000 Euro, dann ging es weiter zur Postbank 4,5 Prozent auf alle Einlagen, und dann nach etlichen Wechseln später, kurz vorm Entzug, Targobank 5,1 Prozent für alle Einlagen für ein Jahr. Langer Rede kurzer Sinn, ich habe jetzt 15 Tagesgeldkonten, aber mein Geld hat sich halbiert. Dafür hab ich jetzt 120 Passwörter, Tans, Pins, iTans, he/she/it T-ans usw. Aber durch das Wechseln ist das Geld irgendwie verschwunden. Man fragt sich, sind da so Ritzen zwischen den Tagesgeldkonten, so wie im Bett zwischen zwei Matratzen? Irgendwann bröselt alles weg und was bleibt, sind 15 Matratzen. Aber was macht ein cleverer Geldanleger mit 15 Matratzen? Eben, aber das ist wurscht. Als Zinshopper will man das Gefühl haben, man hat aktuell das beste Angebot. Das ist das Heroin des Zinshoppers, alles andere ist egal. Und wenn man seinen Geldbeutel aufmacht und sieht sich seine 15 Tagesgeld-Karten an, das sind teilweise so schöne Hochglanzplastikkarten, dann ist man glücklich, dann braucht man nichts mehr zum Sein, bis man ganz zufällig im Fernsehen sieht: Deutsche Bank Tagesgeld 5,2 Prozent. Die Jagd geht wieder los. Ich sag's Ihnen, als Zinshopper ist man so süchtig wie ein männlicher Teenager nach Internet-Pornografie. Nur dass der deswegen nie eine Selbsthilfegruppe gründen würde.

Lehreralltag

Was ich einfordere, ist wirklich mehr Respekt vor unseren Lehrern. Die Lehrer haben es nicht leicht. Sie kriegen immer mehr Sonderaufgaben im Rahmen der Schulentwicklung. Lehrer sein heißt ja nicht nur sechs Stunden Unterricht, Schulaufgaben korrigieren und dann Mittagsschlaf, sondern es geht ja auch darum, eine Beziehung aufzubauen, zum Beispiel zur eigenen Katze. Viele Katzen von Lehrern sind den ganzen Vormittag allein daheim, die brauchen mittags eine Ansprache. Das war jetzt Blödsinn, billiger Populismus. Aber was wirklich auf vielen Lehrern lastet: Wenn die nach Hause kommen um 14 Uhr, dann fängt die eigentliche Arbeit erst an, dann geht's auf die Spickmich.de-Website, und dann heißt's fiktive User anmelden und Bewertungen schreiben. Das Ziel ist, den Bewertungsdurchschnitt im guten Zweierbereich zu halten, alles andere fällt auf. Das kostet natürlich Zeit und ist eine eigene Wissenschaft. Aber es ist existenziell, weil man ja die Bewertungen der Schüler ausgleichen muss, die vorm Durchfallen stehen oder die einen aus sonst einem Grund hassen. So was gab's doch früher gar nicht. Wenn jetzt die Ganztagesschule kommt, dann müssen die

Lehrer nachts ins Internet und ihre Bewertungen pflegen, sind tagsüber todmüde, und was ist die Konsequenz? Die Pisa-Ergebnisse werden noch schlechter, also, da kommt einiges auf uns zu.

Spielregeln der Wirtschaft

Ich finde es immer noch komisch, dass ein Vorstandsvorsitzender umso mehr verdient, je mehr Leute er rausschmeißt. Ein Fließbandarbeiter in der Autofabrik verdient ja auch nicht umso mehr, je mehr Windschutzscheiben er einschmeißt. „Schatz, das war wieder ein guter Monat, ich habe zwanzig Windschutzscheiben eingeworfen, das gibt einen schönen Bonus." Irgendwie irrational. Gut, das ist halt so, das weiß ich auch, das sind die Spielregeln in der Wirtschaft. Genauso wie Bestattungsunternehmer sagen: „Wer die Leiche hat, macht das Geschäft." Ja, das sind einfach Branchenspielregeln, darum kriegt die Nachtschwester gern mal ein kleines Taschengeld, so eine Art Provision zugesteckt. Wieso kann der Vorstandsvorsitzende nicht einen Bonus bekommen, wenn er, obwohl er horrende Gewinne macht, seine Mitarbeiter einfach behält? Wäre doch einen Versuch wert. „Liebe Mitarbeiter, Sie haben letztes Jahr hervorragende Arbeit geleistet. Ich möchte mich herzlich dafür bedanken. Trotzdem müssen Sie die nächsten Jahre hier weiter arbeiten." Dafür kriegt der Fließbandarbeiter einen Bonus, wenn er die Autos nicht kaputt macht. Es kriegt der Bestattungsunternehmer die Leiche, wenn er nicht die Krankenschwester schmiert, sondern die Leute ordentlich unter die Erde bringt. Wenn man will, kann auch in der Wirtschaft das Normale wieder normal sein und das Verrückte darf wieder verrückt genannt werden.

Bildungsfern

Entschuldigen Sie, lieber Leser, liege ich richtig in der Annahme, dass Sie vom Bildungshorizont her, mehr so im unteren Drittel angesiedelt sind? Stimmt doch, oder? Was ist los? Fühlen Sie sich ein bisschen unwohl in Ihrer Haut? Was haben Sie gemacht: Hauptschule oder Förderschule? Für mehr hat es wohl nicht gereicht? Da brauchen Sie sich doch nicht zu schämen, Sie sind halt mehr praktisch veranlagt, ein bisschen bildungsfern, a bissl deppert einfach. Wie fühlen Sie sich in diesem Moment? Sehen Sie, und genau so geht es jedes Jahr Hunderttausend Zehnjährigen in Deutschland. Ein Land, das hergeht und einem Drittel seiner Zehnjährigen sagt: „Wir haben drei Gruppen in unserem Land, und übrigens ab nächstem Jahr gehörst du zur untersten." Dieses Land, meine Damen und Herren, hat ernsthaft eine Schraube locker. Natürlich sagen wir mit pädagogischer Empathie zu den Kindern: „Mach dir nichts draus, du bist halt mehr praktisch begabt, ein wenig bildungsfern, vielleicht a bissl deppert." Das wirklich Teuflische an der ganzen Sache ist: Es ist Apartheid in der Verkleidung eines zivilisierten Bildungssystems. Sie als Leser werden sich gedacht haben: „Mensch,

Besser, was interessiert mich dein Gelaber. Wie soll ein Zehnjähriger auf die Idee kommen, dass er Opfer eines inhumanen, repressiven Systems ist?" Das eigentliche Verbrechen in Deutschland ist: Unser Bildungssystem prägt und verfestigt negative Identitäten. Das zehnjährige Kind muss sich doch denken: „Wenn die ganzen Erwachsenen das sagen und ich es schwarz auf weiß in Form eines Zeugnis vorliegen habe: Vielleicht stimmt wirklich was nicht mit mir." Unser Bildungssystem ist ein versteckter Frontalangriff auf das Selbstwertgefühl von Millionen zehnjährigen Kindern. Die anderen zwei Drittel der Kinder haben panische Angst, dass sie irgendwann mal zu dem letzten Drittel gehören. Unser Bildungssystem ist ein staatlich verordnetes negatives Brainwashing. So eine Art Scientology für Grundschüler. Wundert sich eigentlich noch einer, dass wir im Ausland als ängstlich und humorlos gelten? Wenn irgendein Kind jetzt diese Zeilen liest, wenn Sie Kinder kennen oder jemand kennen, der Kinder kennt, gehen Sie morgen hin zu ihm und sagen Sie ihm: „Egal ob du den Übertritt geschafft hast, egal ob du einmal durchgefallen bist oder nicht, wenn du lernen willst, kannst du lernen. Wenn du willst, kannst du - und nichts anderes."

Privatisierung

Ja, ich komme jetzt zum dozierenden Teil. Es geht um die Segnungen der Privatisierung. Privatisierung, das kennen Sie alle von sich. Wenn Sie einen kleinen Liquiditätsengpass haben, wird alles, was nicht niet- und nagelfest ist, auf E-bay oder bei Amazon vertickt. Bücher, CDs, Bahn, Post, Telekom. Diese Privatisierungen, Zwangsversteigerungen sind das eigentlich, haben nur Vorteile für die Schnäppchenjäger. Das Volk wird enteignet und alle profitieren davon. Eine Win-Win-Situation. Jetzt sagen Sie vielleicht: Das Volk wird doch schon durch die Rentenversicherung enteignet, reicht das nicht? Könnte man sicherlich sagen, aber jetzt denken Sie nicht volkswirtschaftlich, entschuldigen Sie, jetzt denken Sie wie der Besitzer eines Schrebergartens, dessen Horizont nicht bis zur nächsten Gaststätte reicht. Denn Privatisierung bringt Dynamik in die Volkswirtschaft, davon profitieren alle, darum fordere ich schon lange die Privatisierung aller Verkehrsampeln. Wir brauchen mehr Konkurrenz, Innovation und Vielfalt. Vielleicht stellt ein Ampelbesitzer fest, Lila macht sich besser als Grün, Violett kommt zehnmal besser an als Orange. Das wäre doch ein Fortschritt! So was kann man doch exportieren, nach San Francisco zum Beispiel. Was heißt hier lebensgefährlich, dann muss man sich halt ein Auto mit Knautschzone kaufen, das kurbelt die Nachfrage bei BMW wieder an. Sagt doch die FDP, erstes Semester Volkswirtschaft, die Bürger müssen selber Verantwortung übernehmen, es versteht inzwischen doch kein Mensch mehr, warum der Staat seinen Bürgern vorschreibt, bei Rot zu halten. Nennen Sie mir nur einen Grund. Das ist, als ob der Staat sagen würde: Die Bürger dürfen nur bei abnehmendem Halbmond Sex haben. Lächerlich.

Schallmauer

Gestern abend bin ich auf die Waage und hatte zum ersten Mal einhundert Kilo. Eine Schallmauer ist durchbrochen. Das ist Wahnsinn! Du fühlst dich so perplex, ein bisschen wie am vierzigsten Geburtstag: deprimiert, depressiv und auf eine überschwänglich surreale Art suizidal. Und grad dann, als ich mir gesagt habe „Was soll's. Das ist doch alles halb so schlimm", stelle ich fest, dass ich vorher beim Losfahren meinen Geldbeutel auf dem Autodach vergessen hatte. So habe ich mich gestern gefühlt, als ich zum ersten Mal die hundert Kilo auf der Waage hatte. Denn das Gehirn kann diese neuen Informationen zunächst gar nicht verarbeiten. Ich habe mir in der gleichen Sekunde geschworen: „Ab jetzt bin ich vorsichtiger, kontrolliere mein Gewicht und achte genau darauf, was ich esse. Damit mir das nie mehr wieder passiert mit dieser Schallmauer, nicht ein Gramm über 200 Kilo will ich jemals haben." Ja, Ziele müssen auch realistisch sein.

Blender

Der ehemalige amerikanische Präsident George W. Bush war eine politische Ausnahmeerscheinung. Für mich war der Bush wie so ein Typ, der im Vorstellungsgespräch alle blendet und dann bei Arbeitsbeginn die ganze Firma in den Bankrott treibt, durch seinen slapstickhaften Arbeitsstil, der natürlich im Vorstellungsgespräch niemandem aufgefallen ist. Denn da sitzt man ja nur. Bush war fast wie diese Didi-Figur von Dieter Hallervorden früher. Egal, was er macht, es geht alles zu Bruch, weil er gegen alles ranrumpelt, was weltpolitisch so rumsteht in den Regalen. Der Bankrott der Firma treibt dann alle Zulieferer in die Insolvenz, die ganze Wirtschaft geht den Bach runter. Das weitet sich zu einer Weltwirtschaftskrise aus, es entstehen neue Kriege. Außerirdische greifen an, weil sie sich das Trauerspiel auf der Erde nicht mehr mit anschauen wollen. Es kommt zu intergalaktischen Kriegen und alles nur, weil ein Typ im Vorstellungsgespräch so unverschämt überzeugend geblendet hat, dass es keiner gemerkt hat. So ähnlich war das mit George W. Bush. Sowas geht nur in einer Mediendemokratie. Vielleicht bräuchte man so etwas wie eine Art Assessmentcenter für alle Ex-

Alkoholiker, die Präsident werden wollen. So eine Art medizinisch-psychologische Untersuchung. Vielleicht hätte man mit einfachen Fragen einiges verhindern können: Auf welchem Kontinent liegt Deutschland? Sind Sie trocken, weil Sie zum christlichen Glauben übergetreten sind oder weil Sie einfach nur ihre göttliche Mission in praktische Weltpolitik umsetzen wollen? Ohne sein Beraterheer hätte Bush wahrscheinlich gesagt: „Mmmh, ach ich glaube, ich nehme das Zweite.„ Und schon hätte man sagen können: Der Nächste, bitte!

Natürlicher Riechtest

Sind Sie mit dem richtigen Partner zusammen? Es ist ja ganz wichtig, wenn man sich kennenlernt, dass man sich riechen kann. Das ist ein guter Indikator, ob man sich später liebt und nicht umbringt. Ja, die Natur hat das so eingerichtet: Wenn eine Frau sich von dem Geruch eines Mannes angezogen fühlt, dann bringt sie ihn nicht um und liebt ihn vielleicht sogar ein bisschen. Das hat Jahrtausende so funktioniert, das war im besten Sinne des Wortes idiotensicher. In der Moderne gibt es jetzt nur ein kleines Problem. Durch die Pille wird der Hormonhaushalt der Frau verändert und es kann sein, dass durch die Hormonveränderung dieser Riechtest nicht mehr funktioniert. Sie riecht anders und empfindet Gerüche anders. Das hat man in Untersuchungen festgestellt: Frauen waren Single, haben die Pille genommen, sich in einen superduften duftenden Typen verliebt, geheiratet und die Pille abgesetzt und irgendwann mal zu ihrem Mann gesagt: „Du, Liebling, was riecht denn da so ungewöhnlich? Ja, um Gottes Willen, was stinkt denn da so grauslich?! Frank, mmmh, hast du a neues After Shave? Es riecht a bissl nach After. Frank, des bist du, Liebling! Du stinkst wie ein Schwein, das tagelang den Stringtanga nicht gewechselt hat." Was ist das Ergebnis? Natürlich Scheidung und letztlich Tod. Ja, wir müssen alle irgendwann sterben. Das ist traurig. Das Positive ist, 70 Prozent aller Frauen, die von diesem Kausalzusammenhang erfahren, nehmen dann wieder die Pille. Der Mann riecht für sie wieder wie 1000-prozentiges Testosteron. Und beide leben glücklich und kinderlos bis an das Ende ihrer Tage.

Altersvorsorge

Wissen Sie, was mich aufregt? Wie despektierlich man heutzutage über die Unterschicht spricht! Ich meine, ganz ehrlich, finanziell gehöre ich auch zur Unterschicht, na klar ... Gut, ich lese halt mehr. Das stimmt schon, ich lese die Rechnungen durch, bevor ich sie unbezahlt wegwerfe. Aber im Ernst, wenn viele arrogante Bildungsbürger einfach mal öfter ihr Rentenkonto anschauen würden, was sie später mal an staatlicher Rente kriegen, ich bin überzeugt, viele würden nicht mehr so abfällig über die Unterschicht sprechen. „Was, 350 Euro Rente in 2035? Du, Schatz, ist das jetzt zusätzlich zur Miete oder nur für Getränke? Muss ich davon das Auto auch noch bezahlen?" Da dämmert`s dann den meisten: „Ich zahle heute fast 400 Euro Rentenbeitrag im Monat und kriege dafür 2035 nur 350 Euro Rente. Das ist doch Enteignung!" Wenn ich solche Reaktionen sehe, denke ich mir oft: Vielleicht hat die Rentenversicherung auch ihr Gutes. Bei allen Problemen, aber wenn man seinen jährlichen Rentenstand bekommt, wird man demütiger, das erzeugt mehr Empathie für die sogenannte Unterschicht. Man kann auch sonntags einen kleinen Ausflug machen, sich die schönsten Obdachlosenunterkünfte in der Umgebung anschauen, damit man weiß, was wohntechnisch bei Rentenbeginn so in Frage kommt. Das ist nett, das ist im Prinzip wie ein IKEA-Besuch, nur wählen Sie nicht die schönsten Möbel, sondern wägen ab, in welcher Unterkunft Ihnen später mal die Mischung aus Urin-, Schweiß- und Schnapsgeruch am ehesten ihren bildungsbürgerlichen Sensibilitäten entgegenkommt. Ich hoffe, ich habe Sie nicht zu betroffen gemacht. Das war jetzt alles ein Schmarrn, ich gebe es zu, die Allianz hat mir was dazugezahlt, dass ich das mit reinnehme. Message placement nennt man das. Was heißt hier käuflich? Ich muss auch irgendwie fürs Alter vorsorgen!

Lügner

Wissen Sie, was ich nicht mag? Lügner. Nennen Sie mich spießig, veraltet, sexy. Ich mag einfach keine Lügner. Aber noch mehr als Lügner hasse ich die Tatsache, dass du einen Lügner heutzutage nicht mehr erkennst. Einen Lügner hast du doch früher 500 Meter gegen den Wind gerochen. Wenn du früher jemanden gefragt hast: „Hast du versehentlich gestern Abend meinen Schirm mitgenommen? " – und der hat mit so einem, frechen, falschen Grinsen geantwortet: „Ah, ganz ehrlich, was, Schirm? Phhh, nein." Da hast du doch gewusst, das ist ein verdammter Lügner. Und schon hat man ihn gehabt. Der Lügner heutzutage ist very sophisticated, er lügt nicht, nein, er hat ein taktisches Verhältnis zu Wahrheit. Ein taktisches Verhältnis zur Wahrheit! Die denken sich: „Das ist meine gefühlte Position, also ist das o.k." Die Leute werden immer mehr wie kleine Politiker. Wenn dir einer den Schirm klaut und es kommt irgendwie raus, und du fragst ihn, warum er dich fünf Minuten vorher so rotzfrech angelogen hat, dann sagt der heutzutage: „Moment, ich hatte vorhin nicht die Informationen, die ich jetzt habe. Die Aussage, die ich vorhin gemacht habe, war

richtig zu dem Zeitpunkt, als ich die Aussage gemacht habe. Jetzt sehe ich, dass
es regnet, habe also neue Informationen
und kann ergo deinen Regenschirm, wenn
ich ihn mitgenommen hätte, was ich nicht
habe, nicht entbehren." Du denkst dir bloß:
„Du verdammter Wahrheitstaktierer, du verdammter!"

Beziehungselastizität

Es gibt heutzutage keine Beziehungselastizität mehr. Was hat die Generation unserer Großeltern für Ehen ausgehalten: Seitensprung, Psychoterror, körperliche Gewalt. Das war eine Elastizität, sagenhaft. Das waren Beziehungen, die waren wie ein Gummiband. Bei einer Krise wurde es kurz aufgezogen und ist danach wieder in den Ursprungszustand zurückgeschnalzt. Man ist am Sonntag wieder brav in die Kirche gegangen, die Nachbarn haben nichts mitgekriegt, alles war o.k. Und was ist heute? Die Elastizität heutiger Beziehungen ist so groß wie bei einer schlecht geölten Motorradkette. Man hört es doch jeden Tag bei jungen Paaren: „Du magst am Wochenende nicht Golf spielen, weißt du was, mir wird diese Beziehung zu viel, mich engt das total ein, du machst mich kaputt. Ruf mich an, wenn du deine Sachen aus der Wohnung geräumt hast, ich würde gern a bissl umdekorieren."

Wikipedia

Als Schüler heutzutage musst du dir genau ein Wort merken, nicht eine Silbe mehr, keine Formel und kein Geschichtsdatum, nur ein Wort: Wikipedia. Und die Schüler werden dafür bewundert statt kritisiert, denn die jungen Lehrer haben selber so ihre Studienarbeit zusammenkopiert. Die Eltern freuen sich, dass der Bub sich für Informationstechnologie interessiert und nicht nur auf Pornoseiten rumsurft. Irgendwann mal gibt es nach dem Medizinstudium nur noch eine mündliche Prüfung, und da muss der Student dann auswendig ohne irgendwelche Hilfsmittel sagen: Wikipedia. Und dann heißt es: „Herzlichen Glückwunsch, Herr Doktor! Eins muss man Ihnen lassen, Sie wissen einfach, wo Sie nachschauen müssen." Teilweise gibt's das jetzt schon, wenn Sie schon mal in einer Uniklinik operiert worden sind, haben Sie vielleicht schon gemerkt, da laufen die ersten Pilotprojekte, da hängen Monitore über den Operationstischen, da kann der Jungarzt dann in der Wikipedia nachschauen, wenn er einen Blinddarmdurchbruch operiert und irgendwelche Schläuche und Gedärme versehentlich verwurschtelt hat. Wirklich sehr praktisch.

Simplify your childbirth

Viele wissen nicht, ob, und wenn ja, wann sie Kinder bekommen sollen. Es gibt keinen idealen Zeitpunkt, darüber ist man sich einig. Deshalb sage ich: simplify your childbirth. Ich denke, man muss den Zufall wieder mit ins Boot holen. Denn viele, die unabsichtlich Kinder bekommen, weil die Pille versagt, das Kondom reißt oder das Elterngeld verabschiedet wird, sind danach total glücklich mit ihren Kindern. Viele trauen sich nicht, ganz bewusst zu sagen: Jetzt will ich ein Kind. Drum sage ich: Trauen Sie sich doch. Sagen Sie sich ganz einfach: Wenn mein Lieblingsverein, zum Beispiel der FCN, den Klassenerhalt schafft, dann ist es soweit, dann wird scharf geschossen. Das hat einfach den Vorteil, wenn es doch nicht der optimale Zeitpunkt war, dass nicht Sie schuld sind, sondern Ihr Lieblingsverein. Das heißt, Sie können Kinder kriegen, aber müssen endlich nicht mehr die Verantwortung für den Zeitpunkt übernehmen. Was für eine Befreiung! Was für ein neues Lebensgefühl! Natürlich besteht die Gefahr, dass die Beziehung zu Ihrem Lieblingsverein nachhaltig geschädigt wird, oft das Letzte im Leben, an das man sich noch klammern kann. Es kann passieren, dass Sie später, immer wenn Sie die Sportschau sehen, an Ihre Unterhaltszahlungen denken müssen, aber das ist dann halt einfach Schicksal.

Häuserkampf

Ich habe zwar Zivildienst gemacht, bin aber trotzdem erfahren, was den Häuserkampf angeht. Vor einiger Zeit klingelt es an der Tür. Ein Typ, voll bewaffnet, mit einem Auftragsblock in der Hand, grinst mich schief an und erklärt mir, er komme von der Telekom, es gehe um die Tarifvergünstigung. Nein, das ist wirklich Häuserkampf pur. Die machen ja Straßenzug um Straßenzug durch. Ich habe nur gesagt: „Ganz ehrlich, wie von der Telekom sehen Sie nicht aus, für mich sehen Sie aus wie jemand kurz vorm Drücker-Burnout. Vielleicht sollten Sie mal ein Sabbatical machen, ein Jahr nur für die Zeugen Jehovas arbeiten, ganz ohne Umsatzzwang, einfach, um wieder Spaß am Häuserkampf, also am Leute-Zulabern zu bekommen. Aber wo Sie schon mal da sind, apropos Flatrate: Kennen Sie ein Mittel gegen vorzeitigen Samenerguss? Der Sohn von einem Bekannten von einem Freund von mir, der plagt sich so damit." Schreit er mich an: „Was habe ich mit vorzeitigem Samenerguss zu tun?" – „Vielleicht so viel wie ich mit der Telekom."

Moderne Kunst

Ich bin ein absoluter Liebhaber von moderner Kunst. So ein Besuch im Museum der Modernen Kunst, das hat was. Ein Penis wird vom Kaktus aufge- spießt, Videoinstallationen mit von Farbe beschmierten Menschen, die kopulieren, mmmmha! Das hat so was Erhebendes, einfach was Inspirierendes. Das Rezept der modernen Kunst ist eigentlich ganz einfach. Also wenn Sie sich sagen, Mensch, irgendwie habe ich die Schnauze voll von der Buchhaltung, ich mach jetzt moderne Kunst - das ist zehnmal einfacher als einen Wasserhahn zu reparieren. Nehmen Sie einfach irgendein Geraffel, das Sie im Keller rumliegen haben, schmeißen Sie es auf den Boden, und jetzt kleben Sie oder montieren Sie irgendein Teil, das mit dem Geraffel am wenigsten zu tun hat, oben drauf. Das ist das Entscheidende; es darf mit dem Geraffel nichts zu tun haben, das ist moderne Kunst. Können Sie übrigens in meinem neuen Buch nachlesen: „Auf einmal ein moderner Künstler, Herr Mayer?" Also, zum Beispiel spießen Sie mit einem Regenschirm eine gebrauchte Raviolidose auf, das ist moderne Kunst. Aber Vorsicht, spießen Sie mit dem Regenschirm ein nasses Laubblatt auf, dann ist das naives, klischeehaftes Dilettantentum. Spießen Sie mit dem Regenschirm ein gebrauchtes Kondom auf, das ist dann ganz feine postmoderne Kunst, die die Brüchigkeit des modernen Lebens und die Brüchigkeit von Latex im Besonderen auf einzigartige symbolhafte Weise verkörpert. Wenn Sie jetzt noch auf einer Party wortreich, aber nicht zu besoffen, darüber philosophieren können, dann können Sie bei Siemens eigentlich kündigen und auf der Documenta Ihre Regenschirme ausstellen.

Hypochondrie

Der Philosoph Sloterdijk sagt ja immer, wir leben in einer hypochondrischen Gesellschaft. Gut, die Hypochondrie ist letztlich ein Abfallprodukt der Aufklärung. Wenn man weiß, was einem alles eventuell zustoßen könnte, und man das dann auch noch in der Wikipedia nachlesen und vertiefen kann, da wird man zwangsläufig ein bisschen paranoid. Wenn man das den Leuten im Mittelalter erzählt hätte, was sie alles bekommen könnten, die hätten doch die ganzen Ärzte mit ihrer Gesundheitsaufklärung als Scharlatane auf dem Scheiterhaufen medium durchgebraten. Denn im Mittelalter wollte man sich seine gute Stimmung ungern mit so negativer Miesmacherei wie Gesundheitsprophylaxe verderben lassen. Im Mittelalter war man noch mehr so drauf: Think positive!

Pauschalurlaub

Wir waren gerade eine Woche auf Mallorca. Eine Woche Pauschalurlaub im Hotel. Im Altenheim zu leben muss sich ähnlich anfühlen. Du latschst Tag für Tag zum Frühstück und zum Abendessen oder rollst, je nachdem, prägst dir die Gesichter ein, lernst ein paar Leute kennen, spätestens Dienstag, Mittwoch denkst du dir, du hast einen guten Überblick, wie es in dem Laden so läuft. Und auf einmal fangen Leute an zu verschwinden. Ohne jede Vorwarnung. Ohne Übertreibung, die verschwinden einfach. Später erfährst du, dass sie abgereist sind, aber das weißt du ja vorher nicht. „Die Försters aus Wanne-Eickel hab ich schon zwei Tage nicht mehr gesehen, hoffentlich sind die nur ertrunken. Das ältere Ehepaar aus Bayern, die uns gestern ein Zwangsgespräch über ihren Schrebergarten aufgenötigt haben, alle weg." Gesichter sind auf einmal weg, unheimlich. Aber zumindest kennt man dann diesen Mechanismus ein bisschen. Man kann sich ungefähr vorstellen, wie es in einem Altersheim abläuft. Es baut diese Ängste vor dem Unbekannten etwas ab.

Diktatur der Kundenfreundlichkeit

Hotelmitarbeiter werden auch in den südlichen Ländern immer freundlicher. Die TUI hat Fluglinien und Hotels im gesamten Mittelmeerraum aufgekauft, was dazu führt, dass der Nachtportier im Hotel auf Mallorca jetzt voll in der Globalisierungsfalle sitzt. Denn die TUI muss ihren Shareholdern ja etwas bieten. Also wird der gesamte Verein der Diktatur der Kundenfreundlichkeit unterzogen. Die Gäste füllen Feedbackbögen aus und der Nachtportier bekommt das regelmäßig in Mitarbeitergesprächen aufs Brot geschmiert. Statt gelegentlicher authentischer Unfreundlichkeit, weil man nach einer Zwölf-Stunden-Nachtschicht eben auch mal etwas ausgelaugt ist, gibt es jetzt rund um die Uhr routinierte professionelle Freundlichkeit. Diese Freundlichkeit fühlt sich manchmal an wie Kaffee, der schon zwei Tage gestanden ist und schnell in der Mikrowelle aufgewärmt wurde. Schade eigentlich.

Büfett

Man hat so viel Auswahl heutzutage, man kann so viel machen in seinem Leben. Früher war das Leben dafür einfacher. Früher war das Leben wie eine Woche Halbpension in Rimini in den Achtzigern. Zum Frühstück wurden von einem Kellner ein paar Semmeln, Marmelade und Kaffee serviert. Das war`s. Du hast dich nicht nur damit abgefunden, du hast es irgendwie genossen. Man hat nicht gedacht: Ach könnte ich doch jetzt zwischen Spiegeleiern, Rühreiern, Speck, Bacon und verschiedenem Feingebäck auswählen! Man hat sich nicht gedacht: Wenn ich jetzt woanders wäre, könnte ich vielleicht exotische Früchte aus verschiedenen Ländern probieren. Nein, man hat sich arrangiert. Wie im Leben, man war verheiratet und hat es verdammt noch mal genossen und sich nicht damit beschäftigt, was man in der gleichen Zeit noch alles hätte haben können. Das Leben war noch kein Büfett. Es wurde serviert.

Boarding

Obwohl ich mit Nachnamen Besser heiße, bin ich kein Besserwisser. Wirklich, ich lasse mir das nie anmerken, dass ich manches früher erkenne als die anderen. Zum Beispiel am Flughafen, wenn zum Boarding aufgerufen wird. Da stürzen in der Regel alle zur Abfertigung, als wenn gerade das kalte Büfett eröffnet worden wäre und die ganze Meute die letzten drei Tage nichts zu essen gehabt hätte. Als wenn diese ganze blöde Bande nicht wüsste, dass die Sitze reserviert sind. Das steht doch auf dem Boarding-Schein,19 F, hallo! Aber ich lasse mir das nie anmerken, nein, auf keinen Fall. Ich sitze da ganz gelassen, beobachte die Schlange und lächle so ein bisschen in mich hinein, so dass es niemand merkt. Das reicht mir schon, und dann gehe ich ganz entspannt, ohne zu warten, als letzter an Bord. Das sind so die schönen Momente im Leben. Dagegen, wenn irgendwo das kalte Büfett eröffnet wird, da stürme ich los wie ein US-Marine in der Normandie, zu allem bereit, für die richtige Sache auch einmal einen Mitkombattanten ganz sanft auf die Seite zu schubsen, sich so richtig den Magen vollzuschlagen. Leider wissen das auch die meisten und machen's genauso.

Ethik der Post-Postmoderne

Ja, wir kommen jetzt zum psychothera-
peutischen Teil, machen Sie dazu bitte die
Räucherstäbchen und Eierkocher aus.
Stellen Sie sich mit mir die zwei wichtigsten
Fragen Ihres Lebens: Welches Ereignis
hat Sie in Ihrer Kindheit am meisten
belastet und was war am besten in Ihrer
Kindheit? Wenn Sie darauf eine Antwort
finden, haben Sie schon achtzig Prozent
Ihres Erfolges und Ihrer Probleme erklärt.
Ich will das jetzt nicht vertiefen, wenn es
hilft, verdrängen Sie das alles. Das
Verdrängen wird sowieso absolut unter-
schätzt in der psychotherapeutischen
Praxis. Beunruhigende Gedanken sind ein
bisschen wie Kernenergie, wenn ich mich
nur darauf konzentriere, wo das alles
einmal endgelagert werden soll, ja, dann
vergeht der Spaß am Stromkonsumieren.
Deswegen konsumieren Sie Strom, wählen
Sie Grün für die Psychohygiene und
hinterziehen Sie Ihre Steuern so, dass
Ihnen noch ein bisschen was bleibt vom
Brutto. Und wenn Sie einen Charakter
haben, spenden Sie davon ein bisschen
was. Das scheint immer mehr die Ethik der
Post-Postmoderne zu sein.

Ritalin

Wussten Sie, dass in Ritalin die gleiche Substanz enthalten ist wie in Speed? Die heutige Jugend hat es da besser als wir früher. Viele von uns haben früher aus Protest gegen die Alten Drogen genommen. Und heute machst du einen auf hyperaktiv und kriegst das Zeug vom Arzt verschrieben und von den Eltern höchstpersönlich eingeflößt. Aber wird den jungen Leuten dadurch nicht auch etwas genommen? Mal ganz ehrlich, das ist doch viel authentischer, wenn man sich das Zeug selbst reinschmeißt. Stellen Sie sich vor, Ihre Eltern hätten gesagt: „Wenn du jetzt nicht dreimal täglich dieses Speed nimmst, gibt's Fernsehverbot und Hausarrest!". Ich glaube, ich hätte aus Protest nur noch Tofu und Biokarotten gegessen. Ja, Sie haben ja Recht, heutzutage gibt es dafür auch keine Beschaffungskriminalität mehr, freilich, das hat auch Vorteile. Zum Beispiel diese Zigarettenautomaten aufbrechen, das war eine äußerst unangenehme Arbeit, man hat sich dabei leicht die Fingernägel abgebrochen. Aber nicht nur mit Gewalt, auch Technik war gefragt. Du musstest mit dem Brecheisen genau den richtigen Winkel treffen, um das Scheißding aufzukriegen.

Liebe und Trost

Egal, wie viele Yoga-Seminare Sie schon gemacht haben, die letzten Minuten in einem Leben sind immer irgendwie .. saublöd. Oft ist man schon froh, wenn eine Krankenschwesternhelferin aus Tschechien einem die Hand hält. Die Kinder sind ja meistens beruflich verhindert oder gerade beim Tiefseetauchen in Australien. Dieser Händedruck der tschechischen Hilfskrankenschwester, in diesem Händedruck steckt mehr Liebe und Trost als die Liebe der gesamten Verwandtschaft, die noch auf das Erbe hofft. Die Liebe der Verwandtschaft, die das Erbe schon abgeschrieben hat, davon wollen wir mal gar nicht reden.

Win-Win-Situation

Was ist noch mal eine Win-Win-Situation? Ich glaube, eine Win-Win-Situation ist, wenn zum Beispiel ein junger Hautarzt nach dem Ende seines Studiums sich mit einer Praxis in der Nähe eines gut eingeführten Sonnenstudios niederlässt. Da profitieren beide davon. Die Chefin des Sonnenstudios kann zu ihren Kunden sagen: „Also, dunkler geht's nicht mehr, Frau Mayer, aber ich kenne einen hervorragenden Hautarzt, mit dem haben Sie locker eine Überlebenschance von sechzig Prozent." Die meisten fragen dann: „Sechzig von achtzig oder von hundertzwanzig Prozent?" Na ja, Dreisatz ist nicht jedermanns Sache. Der Hautarzt kann zu seinen Patienten sagen: „Sie sehen aber heute wieder blass aus, wollen Sie nicht wieder mal ins ‚Sunpoint' schauen?" Eine Win-Win-Situation. Oft lassen sich auch Schuhgeschäfte gerne in der Nähe von Sonnenstudios nieder, ja, Leder will gepflegt werden. Ja, also, es lohnt sich, strategisch zu denken.

Pessimismus

Irgendwie ist alles Scheiße, finden Sie nicht auch? Aber das ist auch gut so. Pessimismus ist ein deutsches Markenzeichen wie BMW oder Daimler. Marken schaffen Stabilität und Vertrauen. Wie bei Coca Cola und Mc Donald`s. Also das Schlimmste, was uns als Deutschen passieren könnte, wäre das Gefühl zu verlieren, dass alles bald noch schlimmer kommen könnte. Dann würde uns die Stabilität im Leben abgehen. Auf der anderen Seite: Wenn das Gefühl, dass es besser werden könnte, dazu führt, dass es besser wird, dann könnte man ja auf die zwischenzeitliche Stabilität eigentlich verzichten. Das ist alles Theorie, ich gehe davon aus, dass alles schlechter wird, da weiß ich, was ich habe. Kurzfristig. Langfristig bin ich natürlich Optimist.

Klimawandel

Es gibt ja immer noch Leute, die glauben nicht an den Klimawandel. Nicht, weil sie zu dumm sind, sondern weil das Problem zu abstrakt ist für ihr Vorstellungsvermögen. Ich sage dann immer, fahr doch bitte einfach mal in ein Parkhaus, lass` den Motor an, kurbel` die Fenster hoch, mach` das bitte nur eine Stunde, dann hast du eine viel konkretere Vorstellung vom Klimawandel. Da erfährst du ein bisschen was von Ursache- und Wirkungszusammenhängen. Ein bisschen wie im Physikunterricht, mit kleinen Praxisbeispielen wird das alles viel anschaulicher. Ich habe das auch dem zwanzigjährigen Neffen meines Nachbarn erzählt. Natürlich eine ganz andere Generation, die kennen solche Experimente gar nicht mehr, weil die gar nicht mehr mit Fischer-Technik aufgewachsen sind so wie wir, sondern nur mit Spielekonsolen. Auf jeden Fall, um den Klimawandel muss er sich keine Sorgen machen. Im Gegenteil, ein Autofahrer weniger. Nein, er ist nicht aufs Fahrrad umgestiegen. Er hat ein bisschen zu viel Kohlenmonoxid abbekommen.

Makeln

Ich habe inzwischen richtiggehend einen Hass auf das Makeln entwickelt. Ich rufe vor zwei Wochen eine Freundin an, erzähle ihr, um was es geht, da sagt sie auf einmal: „Moment, kannst du in zehn Minuten nochmal anrufen, ich habe noch jemanden von vorhin in der anderen Leitung." Ich denke mir: „Ja, du blöde Kuh, dann geh halt nicht ran, wenn du mit jemandem telefonierst!" „Blöde Kuh" soll man natürlich nicht sagen, aber ich fühle mich da einfach nicht ernst genommen. Also muss ich eine halbe Stunde später nochmal anrufen, meine Geschichte ein bisschen aufhübschen, ein bisschen Dramatik und Witz mit reinlegen, damit, falls während unseres Gesprächs die Mutter anruft, sie sagen muss: „Mutti, sei nicht böse, ich habe was ganz Wichtiges in der anderen Leitung." Die Mutter macht sich dann wahrscheinlich Sorgen und denkt sich: „Das arme Ding, jetzt dreht sie komplett durch, andere Leitung, sie sollte öfter in den Gottesdienst gehen, dann würde sie nicht von einer anderen Leitung fantasieren." Also Makeln ist aus meiner Sicht das Unpraktischste, was es gibt. Es ist so unnötig wie „Hakle Feucht": komplett für den Arsch.

Rennpferd

Neulich hat eine Bekannte zu mir gesagt, wenn eine Frau und ein Mann heiraten und Kinder kriegen, sei das so, als ob man ein Pferd mit einem Esel kreuze. Ich halte das für übertrieben, ich finde, es ist eher wie ein Rennpferd mit einem Esel zu kreuzen. Darum kann der Esel dem Rennpferd oft nicht alles recht machen, weil er eine ganz andere Grundgeschwindigkeit hat. Deswegen, meine Damen, wenn der Müll mal nicht rausgebracht ist, die Lampe noch nicht repariert ist, der Wasserhahn immer noch tropft, versuchen Sie nur für einen einzigen Moment, wie ein Esel zu denken, und Sie werden nachvollziehen können, dass manchmal langsamer auch wirklich langsamer ist und eben nicht schneller. Und dann wird bei Ihnen langsam die Erkenntnis einsetzen, dass ein Esel nicht durch eine Hochzeit einfach zum Rennpferd wird.

Guter Zahnarzt

Woran erkennt man eine gute Zahnarztpraxis? Ist das Wartezimmer dauernd leer, kann dies bedeuten, er ist der größte Pfuscher der Stadt, um den jeder mit gesundem Menschenverstand einen großen Bogen macht. Oder er hat ein ganz besonders ausgeklügeltes Zeitmanagement, das dazu führt, dass er sich extra viel Zeit für dich nehmen kann, die Behandlungen besonders gelungen sind und er dir besonders teure Zuschussbehandlungen reindrücken kann. Aber wie findet man es heraus? Keine Ahnung.

Themenwechsel

Ich bin jemand, der immer ein bisschen Angst vor Hunden hat, aber noch mehr vor ihren Herrchen. Herrchen und Eltern von kleinen Kindern machen mir Angst, denn sie können von fast nichts anderem reden als von ihren Vierbeinern beziehungsweise von ihren kleinen Zweibeinern. Wahrscheinlich, weil sie für die so eine Art Gottesrolle einnehmen, Schicksal spielen. Ich versuche in solchen Situationen immer den rücksichtslosen, eiskalten Themenwechsel zur EU-Erweiterung, zu gesamtwirtschaftlichen Zusammenhängen, zu den Auswirkungen der zunehmenden Geschlechtskrankheiten auf die Kostenstruktur der Krankenkassen. Aber für viele ist das so, als ob man ihnen ein Waffeleis, das sie sich gerade gekauft haben, aus der Hand schlägt. Die sind dann beleidigt, jammern rum, dass die Klamotten in die Reinigung müssen, ob das wirklich nötig war. Seit ich ein kleines Baby habe, geht's mir, übrigens, genau andersrum. Mich langweilen diese prätentiösen Figuren, die immer nur über Politik reden und einfach keine Sensibilität dafür entwickeln, wie oft mein Baby nachts wach wird oder kacken muss, oder ob dem Kind in der Schwangerschaft Gedichte vorzulesen wirklich Parkinson vorbeugen kann oder das Kind dadurch einfach nur in ein fruchtloses Germanistikstudium getrieben wird. Ich meine, das sind doch alles zentrale Dinge, wie kann einem so was nur wurscht sein?

Ehe

Wissen Sie, was mich irritiert? Es herrscht in unserer Gesellschaft inzwischen so ein Grundzynismus, was die Ehe angeht. Als wir uns beim Rathaus angemeldet haben, da hat uns die fünfzigjährige Standesbeamtin auf eine ganz merkwürdige Weise angelächelt. Die hat uns so wissend angelächelt, so als wenn sie etwas wüsste, was wir noch nicht wissen, aber irgendwann mal herausfinden werden. Die hat gelächelt wie so ein Sektenmitglied in der Fußgängerzone, das eine höhere Einsicht hat in die Dinge des Lebens als die normalen Sterblichen. Andere behandeln dich einfach wie komplett naive Idioten. Leute, die heiraten wollen, werden doch heute von vielen so behandelt wie Kinder, die noch an den Weihnachtsmann glauben. „Ach, Sie glauben noch an den Weihnachtsmann, ach, das ist schön, dass es sowas noch gibt. Lassen Sie uns in ein paar Jahren nochmal drüber reden, wenn Sie groß sind. Aber ich wünsche Ihnen alles Gute." Für viele ist eine Ehe zu versuchen wie der Versuch, den Kommunismus umzusetzen: eine romantische Idee, mit der sie durchaus sympathisieren. Aber an der Umsetzung, meinen die, ist selbst der Honecker gescheitert, die alte

Sexbombe. Aber ich stelle mich gegen den Zeitgeist. Vielleicht muss man wirklich manchmal das Unmögliche probieren, um das Mögliche zu erreichen.

Nutritive Notstandsgebiete

Eine der wichtigsten Fragen im einund-
zwanzigsten Jahrhundert scheint mir zu
sein: Gibt es noch Wirtshäuser, in denen
das Wiener Schnitzel wirklich selber
geklopft wird? Ich habe immer mehr das
Gefühl, das gibt es immer weniger. Man
geht in den Biergarten, bestellt sich ein
leckeres Wiener Schnitzel, die Bedienung
tippt das in in ihren Funkblock ein, die
Bestellung wird in einer logischen Sekunde
wireless an die Küche übertragen und
gefühlte dreißig Sekunden später steht das
Schnitzel auf dem Tisch. Ganz ehrlich, da
fühle ich mich leicht verschaukelt. Wenn
man als Gastronom einen Anstand hätte,
dann würde man den Teller irgendwo in der
Mikrowelle warm halten und nach
frühestens fünfzehn Minuten servieren,
damit der Gast die Illusion hat, der ganze
Schrampfi-Mampfi wird noch irgendwie
selber zubereitet. Beurteilen kann man es
ja nicht, weil die wenigsten von uns noch
kochen können, ich zumindest nicht. Aber
diese ganze Entwicklung ist verheerend,
viele Frauen und Männer gehen doch
gerade deswegen ins Wirtshaus, weil sie
selber nicht mehr kochen können, und
kriegen dann ein frittiertes Tiefkühlschnitzel
serviert. Daheim gibt es Tiefkühlpampe, die

in den Ofen geschmissen wird, und im Wirtshaus genau das Gleiche, nur viermal teurer. Das ist doch ein ernährungstechnischer Teufelskreis. Wir leben zunehmend in nutritiven Notstandsgebieten. Ich habe das Gefühl, zentrale Pfeiler unserer Kultur brechen damit weg. Aber wie gesagt, liebe Wirte, einfach das Schnitzel in der Mikrowelle fünfzehn Minuten warm halten und kein Mensch kriegt etwas mit. Dem panierten Schwein dürfte es vermutlich egal sein.

Bildungsapartheid

Mein Opa war Professor der Philosophie. Eigentlich war er Lehrer für Geschichte. Auf jeden Fall habe ich von meinem Opa diese philosophisch-spirituelle Ader. Ja, wir haben vieles gemeinsam, mein Opa und ich. Wir sind beide früh traumatisiert worden. Er durch die Vertreibung aus dem Sudetenland, ich durch das deutsche Bildungssystem. Ich habe immer zu ihm gesagt, „Sei froh, dass du das nicht mitgemacht hast mit dem deutschen Bildungssystem. Und ich hoffe, dass deine Kinder sowas nie mitmachen müssen." Ich meinte natürlich die Kinder meiner Kinder. War ja auch dramatisch, junge Menschen wurden zu meiner Zeit von einem Tag auf den anderen von ihren Freunden getrennt, tagsüber in unterschiedlichen Häusern festgehalten und beschult. Es war diese Zeit der Bildungsapartheid. Einzelne Schüler hat man innerhalb der separaten Häuser noch einmal getrennt und hat gesagt: „Du bist durchgefallen, nächstes Jahr darfst du es in der 5b noch einmal probieren." Schon wieder waren alle Freunde weg. Und wenn man an einen anderen Ort gezogen ist, begann das ganze Spiel von vorne. Aber mein Opa war sehr empathisch, hat nur immer gesagt:

„Unsere Vertreibung war auch schlimm. Aber als wir in Bayern angekommen sind, da durften wir wenigstens bleiben und keiner hat uns gesagt, ob wir uns mit unseren Freunden treffen dürfen oder nicht."

Partnervermittlung

Der Arbeitsmarkt wird immer härter. Früher war es doch so: Wenn du keine Ausbildung hattest und als Kneipier oder Wirt dreimal gescheitert bist, konntest du immer noch in eine lokale Partnervermittlung einsteigen. Mit 1000 Mark Eigenkapital hatte man gleich einen schönen Stamm an unvermittelbaren Dauer-Singles über fünfundfünzig. Sie erinnern sich vielleicht noch an diese Inserate von Partnervermittlungen in der Tageszeitung. Das gibt es heute in der Form gar nicht mehr, weil sich alle online einen Partner suchen. Heutzutage sucht man sich online einen Partner, so wie man sich früher im Quelle-Katalog einen neuen Schlafanzug ausgesucht hat. Was die ganzen Ex-Wirte beruflich machen, das interessiert keinen Menschen mehr. Die können höchstens noch ins Priesterseminar für Spätberufene gehen, da braucht man ja auch dieses soziale Knowhow, das ein Wirt hat, weil ihm jahrelang die Gäste an der Bar ihr Herz ausgeschüttet haben. Die haben dann oft genug seelsorgerisch intervenieren müssen, um Schlimmeres zu verhindern: „Komm, trink noch einen Schnaps, dann schaut die Welt wieder ganz anders aus."

Identitätsgefängnis

Die Beziehung zwischen Eltern und Kindern ist heute ganz anders als früher. So bewusst. Irgendwie ist das alles so wahnsinnig bewusst und fördernd und sensibel, irgendwie toll. Erinnern Sie sich noch, wie das früher war? Familie, Eltern - das war ein Identitätsgefängnis, nicht mehr und nicht weniger. Nicht nur musste man sonntags in den Gottesdienst gehen, sich einen Ausbildungsplatz bei der Sparkasse suchen, weil das so sicher ist, oder beim Staat, weil der Staat nie pleitegehen kann. Das war doch so, und wie oft hat es geheißen: „Was willst du werden, Schauspieler? Hast du eine Ahnung, wie viele Schauspieler arbeitslos sind? Du bist ja wahnsinnig!" Gut, heute könnte man sagen, dass mehr Schauspieler für das Privatfernsehen, Daily-Soaps oder als gefakte Talkshowgäste arbeiten als es in den siebziger Jahren insgesamt Schauspieler gab. Aber diese Einstellung der Eltern, das war wie ein Identitätsgefängnis. In der Waldorfschule ist das heute nicht mehr so. Wenn du das Talent in dir fühlst, probier`es aus, spüre dem nach, verwirkliche dich. Werde, wer du bist! Starke Kinder, zahlende Eltern, heißt heute das Motto.

Menschendokumentationen

Ich bin niemand, der grundlos provozieren will. Aber dennoch bin ich der Meinung, und bitte verstehen Sie das nicht falsch, Pornografie hat im Religionsunterricht nichts verloren. Deshalb, wenn es nach mir ginge: absolutes Handyverbot im Reli-Unterricht für alle Schüler. Während im Biologieunterricht, so über einen Beamer als Lehrinhalt, das macht schon eher Sinn. Ich meine, Pornografie ist ja letztlich nichts anderes als eine Dokumentation über das Verhalten unbekleideter Menschen, ähnlich wie diese Tierdokumentationen im Fernsehen. Phasenweise wirkt das zwar sehr gestellt, aber meinen Sie, der Tier-filmer Grzimek hat das früher nicht gestellt? Meinen Sie, die zwei Dromedare in der afrikanischen Steppe haben sich an der Bar getroffen und sind dann ganz zufällig übereinander hergefallen, als Grzimek seine Kamera ausgepackt hat? Natürlich nicht. Und nichts anderes ist es bei der Pornografie. Der Menschen-Regisseur gibt ganz dezente Anweisungen, aber was vor der Kamera passiert, das läuft dann quasi von selber ab, wie eine Erektion, ein reiner Reflex. So sind Menschen, wenn sie nackt und befreit von allen Werten sich selber überlassen sind.

Kassenvieh

Mir wurde vor zwei Monaten eine Zyste im Gebiss ausgeschabt. Mein Zahnarzt war im Urlaub und ich musste zum zahnärztlichen Notdienst. Eine sehr interessante, wenn auch schmerzhafte Erfahrung. Jetzt weiß ich, wie sich Folteropfer im Mittelalter gefühlt haben. Der Schmerz ist unerträglich, völlig egal, wie viele Spritzen der Zahnarzt da vorher hineinjagt. Aber noch schlimmer ist, dass man im Gegensatz zu einer Wurzelbehandlung, wo man gewisse Erfahrungswerte hat, nicht weiß, was in Gottes Namen der da im Oberkiefer veranstaltet. Man ist ja durch diese Lampe geblendet wie bei einem Kreuzverhör des KGB. Du merkst nur, wie in deinem Gesicht herumgefuhrwerkt wird, und du weißt nie, was als Nächstes passiert. Das ist vermutlich das Schlimmste. Da wird geschabt, gedrückt, gebohrt, gedreht, gestoßen - und das alles ohne Sonnenbrille. Am Schluss habe ich nur noch alles weiß gesehen. Ich habe mir gedacht, entweder ist das eine kostengünstige Nahtoderfahrung auf Krankenschein oder ich bin jetzt endgültig in der Ewigkeit angekommen. Und dann höre ich bloß noch: „Das war's, Herr Besser. Im zweiten Zimmer rechts können Sie sich das Blut aus dem Gesicht wischen, und in zwei bis drei Wochen werden die Schmerzen langsam nachlassen und die Gesichtslähmung, ich meine die leicht hängende Lippe, das geht in fünfzig Prozent aller Fälle fast von selber wieder weg." Was ich schlimm fand, war, dass man dir als Kassenpatient nicht einmal mehr das Blut aus dem Gesicht wischt. Ganz ehrlich, da war ich schon ein bisschen schockiert. Ein mitfühlendes Wort erwarte ich als Kassenpatient nicht, aber einmal so mit einem nassen Schwamm kurz übers Gesicht, das kostet doch fast nichts und man fühlt sich auch als Kassenvieh, zumindest so ein bisschen, wie ein halbes Tier.

Warten

Ich bin so ein Typ, ich hasse Warten, an der Ampel zum Beispiel, oder auch sonst im Leben. Erst wartest du auf einen Kita-Platz, dann wartest du auf einen Platz im Seniorenheim, dauernd warten, fast wie in der DDR. Aber vielleicht muss man das anders sehen. Im Haus des Glücks ist der Wartesaal der größte Raum, heißt es doch. Also warte ich noch ein bisschen, bis ich den Seniorenplatz kriege, eigentlich drängt es ja auch nicht so. Ich würde sagen, ich bin mit meinen Anfang vierzig noch recht rüstig. Aber diese Bastelgruppe, die würde mich einfach reizen. Weil man da auch nicht so den Erfolgsdruck hat wie hier draußen. Im Beruf bastelst du zwar auch immer irgendwas, nur wenn es schief geht, verliert das Unternehmen schnell mal 100.000 Euro und schon wirst du ge-mieden. Das gibt es im Altenheim nicht, das finde ich irgendwo gut. Es ist irgendwo so ein leistungsfreier Bereich, es soll ja auch schon Altenheime geben, die Bezahl-fernsehen haben, also ich freue mich irgendwie drauf.

Humane Seite der Marktwirtschaft

Wissen Sie, was ich an der Marktwirtschaft durchaus human finde? Also ich finde es wirklich human, dass viele Unternehmen wegen der Kreditrichtlinien von Basel II keine Kredite mehr bekommen, deshalb Leute rausschmeißen müssen und die dann, wenn sie arbeitslos und total pleite sind, von den Banken bombardiert werden mit Kreditangeboten. „Easy Credit", sage ich nur. Das finde ich toll. Die Banken könnten ja auch sagen: Dein alter Arbeitgeber hat keinen Kredit mehr bekommen, warum solltest du einen bekommen? Du verdienst ja nichts. Nein, obwohl Sie nichts verdienen, haben Sie jeden Tag fünf persönlich adressierte Kreditangebote in ihrem Briefkasten. Da werden viele Unternehmer blass vor Neid. Das ist die humane Seite des Kapitalismus, meine lieben linken Weltverbesserer. Gut, die Leute verschulden sich dann, Beziehungen gehen auseinander, Familien zerbrechen. Aber sie können dadurch ihr Konsumniveau noch ein, zwei Jahre aufrechterhalten. Da hat man doch die Chance, den Schein nach außen noch ein bisschen zu wahren, dank Deutscher Bank. Vielleicht wären die Familien auch ohne die Deutsche Bank zerbrochen, wer weiß das schon. Ich bin jetzt mal ganz provokativ, wenn Sie Probleme mit Provokationen haben, lesen Sie die nächsten Zeilen nicht: Was wäre, wenn die Banken nicht die Arbeitslosen in die Verschuldung getrieben hätten, sondern wirklich vorher den Unternehmen die Kredite gegeben hätten?

Dreifaltigkeit des Kapitalismus

Es ist absolut faszinierend, wie es der Kapitalismus geschafft hat, die Vielzahl der durch Jahrhunderte hindurch gewachsenen kulturhistorischen Wertevorstellungen in nur zwei Generationen auf ganze zwei Werte einzudampfen. Sie kennen alle die zwei verbliebenen Werte: Eigenkapitalrendite und Orgasmus, also Materialismus und Hedonismus. Zweitausend Jahre Christentum sind in nur zwei Generationen zusammengeschmolzen wie ein Schneemann in der Sonne. Wobei, strenggenommen gibt es doch noch einen dritten Wert. Ich will jetzt nicht polemisch sein, natürlich, der Individualismus. Die Dreifaltigkeit der Marktwirtschaft heißt: Eigenkapitalrendite, Orgasmus und Individualismus. Ein schleichendes, aber hochwirksames Gift gegen Solidarität, Religiosität und sonstige Gefühlsduselei. Also, man könnte sagen, die freie Marktwirtschaft ist wie eine Säure, die alle Werte wegätzt. So etwas Aggressives kann man bei der BayWa gar nicht kaufen. Ich bin mir sicher, wenn man mit einer Zeitmaschine reisen könnte und Rudi Dutschke einen Dokumentarfilm über die heutige Zeit zustecken könnte, mit dem ganzen Spektrum: Komasaufen, Hungerlöhne, leere Kirchen, Internet-Kinderpornografie. So richtig schön grafisch das alles. Und der Rudi Dutschke würde diesen Film dem Erzbischof von München vorspielen. Ich bin mir sicher, die Studentenschaft und der Katholizismus hätten 1968 gemeinsam das Schweinesystem zur Vernunft gebracht. Das war jetzt ein Gedankenspiel. Aber was real ist, die Islamisten fragen sich heutzutage genau das Gleiche: Wenn wir das alles zulassen bei uns, können wir in dreißig Jahren unsere Moscheen auch zu Museen und Diskotheken umbauen. Wollen wir das? Das ist der Knackpunkt, an dem noch viel Überzeugungsarbeit geleistet werden muss. Man könnte zum Beispiel sagen. Aber dafür haben wir ein vielfältiges esoterisches Angebot, Tantra für Bürokaufleute, Yoga für teilzeitarbeit-ende Männer und jeder Bürger hat neun-hundert Fernsehkanäle. Na, ist das etwa nichts?

Und dann?

Das Älterwerden ist schon etwas Komisches. Das Leben ist wie ein Kinobesuch: Manchmal wartet man darauf, dass der große Unbekannte erscheint und sagt: „April, April, ab jetzt wirst du wieder jünger." Dieses Altern hat etwas Surreales, finden Sie nicht? Diese Tatsache, dass jeder Mensch einen Produktlebenszyklus hat, ist schon irgendwie brutal. Auch wenn die neuen Modelle länger halten als früher. Egal, wie viel du in die Rentenversicherung einzahlst, egal, wie viel du verdienst, egal, ob du 25 Millionen Menschen umgebracht hast oder nur deinen Mann. Egal, ob du dich für die Armen aufgeopfert hast oder nur neidisch auf die Reichen warst. Irgendwann mal ist der Film vorbei und es geht zum Kinoausgang. Und dort gehst du nicht zu deinem Auto, fährst heim und schaust dir noch die „Tagesthemen" an. Nein, du trittst aus dem Kino, es wird kalt, feucht, oft auch sakrisch heiß, und dann?

Partnersuche

Ich beobachte, dass die Beziehungssuche heutzutage immer mehr der Programm-suche beim Fernsehen ähnelt: Statt die große Liebe zu suchen, zappt man nur noch lustlos, aber dafür umso hektischer durchs Programm. „Tatort, ach nee, heute nicht", und schon zappt man wieder weiter: ZDF bringt Rosamunde Pilcher, „Ach du großer Gott, dieses sentimentale Zeug", und weiter geht es, RTL: Deutschland sucht den Superstar, „Das geht ja gar nicht". Irgendwann mal um zwei Uhr nachts sieht man dann auf Sport1 diese nackten Mädchen auf irgendwelchen Autos rum-turnen, die man aus irgendwelchen Gründen auch noch anrufen soll, das ist die Ü-30-Party, vielleicht der One-Night-Stand. Die ultimative Kapitulation. Weil man er-schöpft ist vom Zappen, erschöpft von der Suche, dass es irgendwo zur gleichen Zeit etwas noch Besseres geben könnte. So suchen Menschen heutzutage Partner. Viele sind schon über 30 und haben noch nie eine Fernsehsendung vom Anfang bis zum Ende gesehen. Geschweige denn eine längere Beziehung gehabt. Vielleicht muss man manchmal einer Sendung Zeit geben, auch wenn die ersten zwei Minuten nichts passiert, einfach ein bisschen

Geduld haben. Danach vielleicht, so in der vierundvierzigsten Minute, erklingt romantische Musik, das Licht geht aus und - waauuu, es wird jemand von hinten erdrosselt. Wenn man nur zappt, kriegt man sowas gar nicht mit. Und man findet vielleicht nie den richtigen Partner fürs Leben.

Weltsprachen

Wie wird eine Sprache eigentlich Weltsprache? Wer die Goldmedaille im Kolonien-Ausplündern gewinnt, darf Weltsprache sein. Wer sich nicht so anstrengt, einfach nicht so konzentriert bei der Sache ist wie die Franzosen, gewinnt Silber. Wer Bronze gewinnt, weil er wie ein Elefant im Porzellanladen durch Europa latscht, wie ein faschistischer Elefant wohlgemerkt, der muss die Welt mit Goethe-Instituten zupflastern, damit sich überhaupt noch jemand an die Sprache erinnert. Wer es noch nicht mal aufs Treppchen schafft, der darf immerhin seine Sprache noch in Museen ausstellen, in sogenannten, speziell dafür geschaffenen, humanistisch-en Gymnasien. Latein. Ob Sie es glauben oder nicht, so entstehen Welt-sprachen. The winner takes it all. Wenn Sie es nicht glauben, schauen Sie einfach in der Wikipedia nach.

250 Prozent Eigenkapitalrendite

Wissen Sie, das Schlimme am Kapitalismus ist nicht die Ausbeutung der Arbeiter. Klar, vier Euro Stundenlohn, da kann man nicht jedes Jahr eine Kreuzfahrt machen. Das ist sicher unangenehm. Ich finde, das Schlimmste ist, dass alles, was irgendwie zu Geld gemacht werden kann, ganz egal wie bizarr und ausgefallen das auch ist, garantiert von irgendjemandem zu Geld gemacht wird. Zum Beispiel wie die Sexindustrie im Internet unsere Jugendlichen mit Pornos versorgt: einwandfrei. Da kann man im Kapitalismus nichts dagegen sagen. Der Gesetzgeber hat faktisch keine Handhabe, solange die Gewinne machen. Der Handel mit getragenen Schlüpfern hat zum Beispiel inzwischen zweistellige Zuwachsraten. Sicher ist das ein schöner Nebenverdienst für eine Hausfrau. Die Wertschöpfung kann quasi ganz nebenbei erbracht werden. Das gönne ich der Hausfrau auch. Darum geht es mir nicht. Die hat ihre Marktlücke gefunden und die soll sich wegen mir dumm und dämlich daran verdienen, völlig in Ordnung. Aber man gewinnt manchmal den Eindruck, man dürfe alles machen im Kapitalismus, solange man sich dumm und dämlich daran verdient. Nach der Logik müsste

Auftragsmord eigentlich straffrei sein. Ja, wenn das jemand für sich sauber durchrechnet: ein paar Handschuhe, Revolver, Maske, und dann auch noch bereit ist, das unternehmerische Risiko zu tragen. Also wenn der eine kaufmännisch saubere Angebotskalkulation macht und pro Dienstleistung 500 Euro hängen bleiben, was ist da eigentlich dagegen einzuwenden? Eigentlich könnte die Mafia an die Börse gehen. Wenn dann die Linke eine Anfrage im Bundestag macht, könnte man ziemlich nonchalant kontern: „Schauen Sie doch bitte einfach mal ins Grundgesetz, wir haben eine soziale Marktwirtschaft und 250 Prozent Eigenkapitalrendite, wo kriegen Sie das heute noch?"

Hässliche Männer

Wissen Sie, was mich als Jugendlicher immer beschäftigt hat? Vielleicht geht es den jungen Männern heute genauso: Ich habe mich immer gefragt, wann sich eine Frau eigentlich für einen hässlichen Mann entscheidet? Ich habe mir gedacht, wenn ich das rauskriege, wäre das des Rätsels Lösung und zugleich meine letzte Chance. Na ja, ich hatte sehr viele Pickel, ich habe als Jugendlicher ausgesehen wie ein schlecht gewordener Streuselkuchen, der Herpes hat. Ich habe überall rumgefragt, die meisten meiner Freunde waren sich einig: natürlich wenn der Typ stinkreich ist. Also so eine Art Glöckner von Notre-Dame mit goldener Kreditkarte müsste man sein. Heute bin ich reifer und weiß natürlich, dass das allein nicht ausschlaggebend ist, das wäre ja auch zu traurig, wenn es nur auf das Geld ankäme. Was wäre das für eine traurige Welt! Ich würde es heute eher so formulieren: Eine Frau entscheidet sich für einen hässlichen Mann, wenn die erotische Abscheu kleiner oder gleich dem zu erwartenden geldwerten Vorteil ist. Und das Produkt aus seelischer Übereinstimmung und gemeinsamer Weltsicht die Summe der Opportunitätskosten des entgangenen individuellen Lebensstils mindestens um den Faktor 1,5 ausgleicht. Hätte ich diese einfache Weisheit mit fünfzehn schon gewusst, mir wären viele unnötige Selbstzweifel erspart geblieben.

Intergalaktische Kriege

Wir leben in einer antikopernikanischen Wende. Wir stellen fest, wir sind nicht allein auf der Welt. Im Weltall toben intergalaktische Kriege, aber wir kriegen die einfach nicht mit. Beängstigend eigentlich. Das ist so, als ob sie einen Herzinfarkt nach dem anderen haben, aber Sie spüren nicht einmal ein Herzstechen. Dabei sind wir mitten in einem Krieg, wir merken es bloß nicht, das ist doch verrückt. Aber sind wir doch froh, dass die Außerirdischen erst einmal andere Schlachten zu schlagen haben. Denn für die Entdeckten war es immer schlimmer als für die Entdecker. Denken Sie an Kolumbus und Amerika, oder was die Altbayern in Franken für ein Chaos angerichtet haben. Also genießen wir noch ein bisschen unsere Zeit ganz für uns allein.

Homöopathisches Anti-Depressivum

Vielen Menschen fehlt etwas in ihrem Leben. So eine Art spiritueller Zugang zu sich selbst, zum Leben und zum eigenen Sterben. Viele verdrängen ja solche Gedanken auch gerne. Und wenn sie dann wirklich ein bisschen down sind, dann tun sie es: Dann kaufen sie sich die „BUNTE", ziehen sich rein, welche Promibeziehung so richtig schön gescheitert ist, wer todkrank ist, kurz - wem es noch viel schlechter geht als einem selbst. Man könnte sagen, die BUNTE ist so eine Art homöopathisches Anti-Depressivum. Denn wenn man liest, wie Menschen leiden, die so viel Geld haben, dass man selber zweihundert Jahre dafür arbeiten müsste, dämpft das seelisch so ein bisschen. Die Frage ist, gibt es eine homöopathische Lösung für ein spirituelles Problem?

Politische Nachwuchstalente

Es soll ja politische Nachwuchstalente geben, die sich insbesondere an das politische Darstellen von Wahrheit, also an das Lügen nur ganz schwer gewöhnen können. Manche belastet das tatsächlich, auch wenn sie das natürlich nicht öffentlich zugeben können. Auf der anderen Seite weiß jeder, auf was er sich einlässt, wenn er in die Politik geht. Das ist, als ob Sie der Mafia beitreten. Sie kennen vorher ganz genau die Spielregeln. Ein Mafia-Azubi kann auch nicht, wenn es mal ernst wird, zu seinem Chef sagen: „Ganz ehrlich, das mit dem Töten, das finde ich nicht gut. Das kann man doch bestimmt auch anders lösen." Also in der Politik nicht zu lügen und als Mafioso nicht zu töten ist tatsächlich ein absolutes No-Go. Als Politiker muss man einfach lügen können, bis die Balken krachen. Vielen Nachwuchs- politikern fehlt es in diesem Bereich viel- leicht auch einfach an Talent. Denn Goethe hat bereits gesagt: „Wer lügen will, muss sich erst selbst überreden." Wenn man also selber nicht glauben kann, was man sich selber versucht, als wahr zu suggerieren, wird man häufig bereits auf der Kreisebene aussortiert. Denn diese Fähigkeit, die Autosuggestion der Lüge als wahr anzunehmen, obwohl sie vom Tatsächlichen abweicht, kann man nicht lernen, man muss sie mitbringen. Man muss mit dem Brustton der Überzeugung sagen können: „Die Staatskasse ist tatsächlich leer". Obwohl jeder weiß, dass das eine freche Lüge ist, denn man müsste erst mal sechzig Milliarden reinlegen, damit sie wirklich leer wäre.

Parkhaus

Eines der letzten Geheimnisse der modernen Industriegesellschaft will ich Ihnen nicht vorenthalten. Eine der letzten großen unbeantworteten Fragen der Moderne: Was macht man, wenn man beim Rausfahren aus dem Parkhaus an der Schranke feststellt, dass man vergessen hat, die Parkgebühren zu bezahlen? Hinter dir eine Schlange von zehn Autos, die ersten fangen schon an zu hupen. Zuerst bist du geschockt und total perplex, du fragst dich: „Lieber Gott, wie komme ich aus dieser Nummer wieder raus?" Da werden in Sekundenbruchteilen jahrtausendalte Urängste in unserem Reptiliengehirn aktiviert. Das ist ungefähr so, als ob Sie als Gast auf einer Party nach einem ziemlich unbekömmlichen Chili die Toilette aufsuchen und, aus welchen Gründen auch immer, nach dem Spülen die Kloschüssel nicht mehr aufhört überzulaufen. In der Situation kann man noch versuchen zu retten, was zu retten ist, indem man beim Verlassen der Toilette affektiert ruft: „Welches Schwein hat denn hier diese Sauerei gemacht und dann einfach kein Wort gesagt?" Da geht es nicht um Moral, sondern um das Bewahren der eigenen Würde. Aber im Parkhaus vor der Schranke? Wen wollen Sie da verantwortlich machen? Da stehst du im Spotlight, als ob du nachts beim illegalen Grenzübertritt nach Mexiko erwischt worden wärst. Da gibt es kein Entkommen. Keine Ausrede, keine Lüge der Welt hilft dir hier weiter. Du bist wie ein wildes Tier in die Ecke getrieben. Hinter dir mehren sich die Rufe: „Du Vollidiot, jetzt fahr endlich raus!" Die Herde ist selber getrieben, denn jeder hat nur zehn Minuten Zeit, bis er nach dem Zahlen an der Kasse die Schranke passiert haben muss. In der Meute entsteht Panik, die Zeit zu überschreiten und selber nachher wie der größte Blödmann auf Gottes Erdboden vor der Schranke zu stehen. Doch Empathie mit denen, die dich hassen, hilft dir in dieser Situation nicht weiter. Es hilft nur ein praktischer Trick, den nur die wenigsten kennen und den ich mit ihnen teilen möchte. Sie müssen sich mental in die Rolle eines einsamen Helden versetzen, der von der Welt zwar nicht verstanden wird (weil er zu blöd ist, seine Parkgebühren zu bezahlen), der aber wegen seines einzigartigen Charismas, Charmes und seiner erotischen Ausstrahlung von den Frauen vergöttert und geliebt wird. Sie kennen diese Typen, wie früher John Wayne, Marlon Brando, Piet Klocke. Die großen Schweiger, denen allen eines gemeinsam war: eine unverwüstliche, stoische und gleichzeitig furchterregend lässige Art zu gehen. Diese Gangart, die wie ein Magnet Blicke auf sich zieht, eine Gangart, die kommuniziert: „Wenn du mich schräg anmachst, gibt es direkt was auf die Fresse, ohne Vorwarnung, ohne Palaver." Die Gangart, die ausdrückt, hier ist ein Mann, der weiß, wer er ist, ein Mann mit einer Mission, die er ausführen wird, egal, wie widrig und katastrophal die äußeren Umstände auch sind. Ein Mann, der innerlich mit sich im Reinen ist, zu allem bereit, und der sich fragt: „O.K., und wo ist jetzt der verdammte Kassenautomat?"

Zwangsfusion

Ich möchte an dieser Stelle eine Lanze für die Ökumene brechen. Ist es nicht endlich an der Zeit, dass die evangelischen Christen wieder zur Vernunft kommen und sich der katholischen Kirche anschließen? Ich meine, die ganzen Dinge, die Martin Luther damals beklagt hat, die gibt es doch alle gar nicht mehr. Ablasshandel ist de facto abgeschafft, exzessive Ausschweifungen sind nur in ganz eng abgegrenzten Bereichen überhaupt noch möglich, zum Beispiel Pädophilie. Und selbst wenn da was rauskommt, wird der Pfarrer eiskalt in die Provinz geschickt, da kann er dann in Ruhe weiterarbeiten. Also ich bin der Meinung: Helfen wir alle mit und schmeißen die beiden Vereine wieder zusammen. Wir würden uns auf jeden Fall Personalkosten sparen. Einen Chef haben wir ja schon. Ich meine, Geschichte verändert sich ja auch. Wir hatten auch einmal zwei deutsche Staaten. Der Gorbatschow hat doch 1989 auch nicht gesagt: „Es gibt zwei deutsche Staaten und dabei bleibt es, weil ich werde sonst noch wahnsinnig mit euch, heute zwei, morgen drei und übermorgen vielleicht vier deutsche Staaten, also reißt euch gefälligst zusammen!" Genau das hat ja Gorbatschow nicht gesagt. Am besten wäre eine staatlich verordnete Zwangs-fusion, mit dem Papst als Insolvenz-verwalter, also als geistigem Führer, das wäre doch eine Sache. Das Ganze könnte man dann „die heilige katholische Kirche" nennen. Also da bitte ich wirklich um Verständnis, dass wir beim Namen keine Kompromisse machen können. Ich sage jetzt wir, weil ich früher Messdiener war. Bei Fusionen kommen ja oft so Wortungetüme raus wie Mayer-Squibb, Thyssen-Krupp, Baden-Württemberg, also das wäre nicht sehr schön. Aber man muss das auch von der Marketingseite sehen. Die katholische Kirche ist eine der ältesten und bekanntesten Marken der Welt. Die Marke Katholische Kirche ist so wertvoll wie Coca Cola, McDonald`s und Beate Uhse zusammen. Der Markenkern muss deshalb unangetastet bleiben. Coca Cola sagt doch auch nicht, der Umsatz stagniert, jetzt mixen wir einfach ein bisschen Buttermilch und Apfelkorn dazu. Absolut unverhandelbar ist für mich die Wichtigkeit des Sich-Schuldig-Fühlens und das Bild des strafenden Gottes. Also da würde ich mir, mit Verlaub, verarscht vorkommen, nach dreißig Jahren Beichten, wenn es dann auf einmal heißt: April, April, ehret den Herren und freut euch des Lebens. Das kann doch nicht sein. Da bin ich dann der Depp, oder was? Bei der Unfehlbarkeit des Papstes, o.k., wegen mir, können wir rausnehmen beziehungsweise uns der gängigen Praxis anschließen: Der Papst darf glauben, er ist unfehlbar, und jeder macht, was er will, ist also nur seinem Gewissen verpflichtet. Auch hier bleibt im Prinzip alles beim Alten. Man bräuchte da auch kein großes Fusionsvertragswerk. So ein formloses Word-Dokument, so eine Anschlusserklärung der evangelischen Kirche würde eigentlich ausreichen. Als Gegenleistung dürften die evangelischen Bischöfe als Küster und Reinigungskräfte noch zehn Jahre lang völlig unbehelligt weiterarbeiten.

Geburtenquote

Die Politik macht aus meiner Sicht zu viele Fehler, wenn es um das Anheben der Geburtenquote in Deutschland geht. Krippenplätze, Ganztagesschule, Kindergeld und was es alles gibt. Deswegen geht doch nicht ein Kind mehr in Produktion. Der Vatikan hat ja inzwischen eine höhere Geburtenquote als wir. Ein echtes Armutszeugnis. Wir müssen die Probleme an der Ursache anpacken, also an der weit verbreiteten sexuellen Lustlosigkeit. Mein Vorschlag wäre: Die gesamte männliche Bevölkerung lässt sich beschneiden, auf Krankenschein. Privatpatienten mit Narkose. Das führt in der Folge dazu, dass Männer länger können. Das ist so, als ob man immer barfuß läuft, die Füße sind nachher nicht mehr so empfindlich. Auf jeden Fall, werden die Männer ausdauernder, die Frauen haben dann natürlich auch mehr davon und es wird endlich wieder lustvoll das Fest der Sexualität zelebriert. Dies führt in letzter Konsequenz dazu, dass es mehr Kinder gibt. Schauen sie mal nach Israel! Die machen das schon lange, und klagen die über sexuelle Lustlosigkeit, obwohl ihnen dauernd die Bomben um die Ohren fliegen. Das wäre eine Maßnahme, die könnte man an einem Nachmittag gesetzgeberisch verabschieden. Da bräuchte man keine Expertenkommission mit hundert Schwellköpfen aus allen gesellschaftlich relevanten Gruppen.

Amazonen

Die emanzipierte und durchsetzungsstarke Frau ist ja keine Erfindung unserer Zeit. Das ist fast schon etwas in Vergessenheit geraten. Nein, nicht Kaiserin Sisi, sondern der Stamm der Amazonen. Die haben ja nicht, wie man immer meint, den ganzen Tag nur Bücher verschickt, sondern das waren Frauen, die sich durch ihre Kampfeslust, Streitbarkeit und Herrschsüchtigkeit auszeichneten. Und das war dreitausend Jahre vor Maggie Thatcher, Alice Schwarzer und Inge Meysel. Wobei die Amazonen sich fast noch mehr in ihren Job reingekniet haben als die heutigen Karrierefrauen. Die haben doch tatsächlich ihre rechte Brust ausgebrannt, damit sie beim Bogenschießen nicht im Weg ist. Gut, heutzutage als Produktmanagerin bei Siemens würde das auch nicht viel bringen, da man doch eher selten mit Pfeil und Bogen hantiert. Interessant an den Amazonen ist, dass sie sich unter dem Jahr auch nicht mit Männern herumgeärgert haben. Vermutlich haben sie sich gedacht: „Die bringen den Müll nicht raus, lassen die Socken dort liegen, wo sie sie ausgezogen haben, und der Sex ist schneller vorbei, als ich „Piep" sagen kann. In der Kosten-Nutzen-Relation also völlig

unbefriedigend." Das ist wirklich be-
merkenswert, das haben die Amazonen
damals schon erkannt. 2500 Jahre Zivili-
sation und Christentum haben es geschafft,
dass diese fundamentale Selbsterkenntnis
der Frauen wieder verloren gegangen ist.
Wir hätten uns 2500 Jahre Geschlechter-
kampf komplett sparen können. Es hätte
die Bewegung der Romantik, den Rückzug
ins Private und die Entwicklung zur
neurotischen Kleinfamilie vermutlich nie
gegeben. Freud hätte gar nichts zu
analysieren gehabt und wäre wahrscheinlich Klempner geworden. Aber wie
war das mit dem Sex damals? Wenn das
so selbstbestimmte Frauen waren, dann
haben die sich doch bestimmt immer dann
mit Männern getroffen, wenn ihnen danach
war. Fehlanzeige: Es gab tatsächlich nur
einmal im Jahr eine Hochzeitsnacht mit
den Männern der Nachbarvölker. Man
könnte sagen, so eine Art Single-Party mit
One-Night-Stand-Garantie. Den Frauen der
Nachbarvölker stieß das natürlich sehr
unangenehm auf: „Ich halte alles in
Schuss, räume hinter deinen Socken her,
der Sex mit dir ist schneller vorbei, als ich
„Piep" sagen kann, und was ist der Dank,
dass ich mich für dich aufopfere? Dass du
jedes Jahr zu dieser Schlampenparty
gehst. Ich mache das nicht mehr länger

mit. Du musst dich entscheiden!" Und schon war Stunk in der Hütte. Aber der Überlieferung nach hat das die Amazonen nicht sehr gejuckt. Viel Alkohol, aufregender Sex ohne jede emotionale Verstrickung hat ihnen völlig ausgereicht. Man hat Jahrtausende später versucht, so etwas Ähnliches in Ibiza aufzuziehen. Nachdem es aber damals noch keine verlässliche Verhütungsmethode gab, haben die Amazonen auch Kinder bekommen. Von den Kindern wurden dann nur die Mädchen im Kriegshandwerk aufgezogen. Die Jungen wurden getötet oder zu ihren Vätern geschickt. Man kann heute nicht mehr genau sagen, was besser gewesen wäre. Aber die Jungen waren eigentlich happy, ohne jeden Ödipus-Komplex kam der Gedanke, mit der Mutter zu schlafen, gar nicht erst auf. Also, die Amazonen hatten schon ihre ganz eigene Gesellschaftsform. Ich frage mich manchmal, ob den jungen Frauen das heutzutage bewusst ist, wenn sie Online-Anzeigen aufgeben wie: „Junge Amazone sucht starken Mann zum Anlehnen." Eigentlich müsste es ja heißen „Junge Amazone sucht starken Mann zum Umlegen", nach dem Motto: Packt ihn, wascht ihn und schafft ihn in mein Zelt!

Disco

Ich war nie ein richtiger Discogänger. Stundenlanger Dauerlärm, rumstehen wie so eine superdämliche Salzsäule. So lässig, so cool, so unnahbar. Gleichzeitig nicht zu unnahbar, weil sich sonst ja keine nähert. Das war nicht meins. Du musst permanent so ein Pokerface aufsetzen, wenn du mal mit einer Frau ins Gespräch gekommen bist. Was heißt Gespräch - Small Talk. Es gibt in der Disco kein Gespräch, das nicht Small Talk ist. Aber ich hatte das irgendwie nicht so drauf. Als ich jung war, habe ich das schon öfter probiert. Ich habe mich versucht zu motivieren, ich habe mir immer bei einem Gespräch mit einem Mädchen, also bei einem Small Talk, gesagt: „Wenn du das Gefühl hast, das Gespräch wird zu banal, dann gibt es nur eine Lösung - du musst banaler werden. Und wenn es so unerträglich banal ist, dass du das Gefühl hast, du musst aus dem Fenster springen, dann gibt es nur eine Möglichkeit: Du musst noch banaler werden." So lief das früher. Ich erinnere mich noch gut an ein Mädchen, mit dem ich gesmalltalkt habe. Sagt sie zu mir: „Ich mag Rot unheimlich gern." Ich habe nur gedacht: „Mensch, ruhig bleiben, jetzt bloß nichts falsch machen, du musst banaler werden." Mir ist in meiner Panik nichts Richtiges eingefallen und ich habe deshalb nur gesagt: „Ich mag Orange ganz gern, das hat für mich so was Postmodernes." Hat sie nicht verstanden. Bei einer anderen ist mir fast so etwas wie ein Gespräch gelungen. Sagt sie: „Ich bin seit zwei Jahren arbeitslos." Ich hatte die perfekte Antwort parat und habe erwidert: „Und wie ist das so, sich in die soziale Hängematte zu legen?" Sagt sie, sie habe gar keine Hängematte, sie habe damals ihr Bett aus dem Kinderzimmer mitgenommen, als sie ausgezogen sei, und sie wisse gar nicht, ob das für den Rücken überhaupt gut sei, in einer Hängematte zu schlafen. Na ja, einmal hat es fast funktioniert, da hat sich so eine Art Gesprächsfluss entwickelt, das ging wirklich so hin und her wie beim Tischtennis und dann ist etwas passiert, das ich fast schon nicht mehr für möglich gehalten habe. Da hat sie von etwas erzählt, wo ich richtig das Gefühl bekommen habe, jetzt lerne ich sie ein bisschen besser kennen, ihre Seele, was sie bewegt im Leben, ja, für was sie sich begeistert. Wir haben gerade so den siebten Tequila auf ex getrunken, da nimmt sie auf einmal für mich völlig überraschend und ohne jede Vorwarnung ihren Kaugummi raus und sagt ganz nachdenklich und fast schon ein bisschen melancholisch: „Ich gehe auch im Sommer gern ins Sonnenstudio, weil das so schön auf der Haut kribbelt." Ich glaube, ich habe gesagt, ich weiß es nicht mehr genau: „Mensch, so hätte ich dich gar nicht eingeschätzt." Aber das war wirklich mit Abstand das beste Gespräch, das ich je in einer Disco hatte.

Sein statt Tun

Dieses Sein statt Tun, das hat mich schon immer fasziniert. Im Buddismus ist das Sein eigentlich das Wichtigste, während bei uns im christlichen Abendland das Tun dominiert. Also machen, machen, machen, bis man sich fragt: Was mache ich da eigentlich? Und das ist das Tragische, dass bei uns die, die so mit sich und dem Universum im Einklang sind, also total eins sind, dass die in der Marktwirtschaft fast keine Chance haben. In einem tibetischen Kloster wären das vielleicht die Könige, die Alpha-Tiere, aber bei uns sagt der Personaler im Vorstellungsgespräch nur: „ Ja, diese drei Jahre in Ihrem Lebenslauf, wo Sie nur sie selber waren, wo sind Sie denn da gewesen?" – „Na gut, wie soll ich sagen, ich bin da nur eins mit mir gewesen. Mit mir selber total und a bissl mit dem Universum." Der Personaler sagt dann oft nur: „Ich respektiere das ja, was sie gemacht haben, verstehen Sie mich bitte nicht falsch, aber im Vertrieb brauchen wir vor allem Leute mit Auslandserfahrung, Organisationstalent, Kommunikationsfähigkeit und Belastbarkeit, also mit einem Wort, nicht Sie." – Ich finde das irgendwie brutal ungerecht.

Stuhlgang und der Sinn des Lebens

Ein bedeutender Philosoph hat einmal gesagt: „Ich will nicht einmal alt sein und sagen: ich hätte so gut leben können, wenn ich nicht so damit beschäftigt gewesen wäre, gesund zu leben." Nicht Sokrates hat das gesagt, sondern Lemmy von Motorhead. Aber die Beachtung der Gesundheit und das hat Lemmy vielleicht noch nicht so richtig verstanden, hat ja auch seine Funktion im Leben, indem sie den Menschen einen eigenen Lebenssinn gibt. Fragen Sie mal jemanden auf der Straße was sein individueller Lebenssinn ist. Viele werden sagen: „Tja, puuh, keine Ahnung, ich arbeite halt." Also die Berufstätigkeit. Da ist es immer praktisch, wenn man einen zweiten Sinn zu Hand hat, so einen Back-up-Sinn als Reserve. Denn es geht ja nur vordergründig um Gesundheit und gesunde Ernährung, letztlich will man seinem Tun einen übergeordneten Sinn geben, der über die plumpe Nahrungsaufnahme und Nahrungsausscheidung hinausgeht. Denn die reine Nahrungsaufnahme und – ausscheidung hat so etwas Ermüdendes, über Jahrzehnte hinweg, tagein, tagaus, immer der gleiche Scheiß. Drauf aufs Klo, runter vom Klo, mehrmals täglich, jahrelang. Da kommt irgendwann das Burn-Out. Das ist so ähnlich wie Leute, die länger als zwei Stunden zur Arbeit pendeln. Irgendwann sind die seelisch-spirituell einfach platt. Kündigen von heute auf morgen ihre Arbeit, wortlos, verlassen ihre Frau und fangen in einer neuen Stadt bei der Straßenreinigung an. Dagegen als Kind zum ersten Mal auf dem Topf - wissen Sie noch, wie das war? Es war fast schon ein spirituelles Erlebnis, es durchströmte einen ein Gefühl von Euphorie, Hoffnung, Erfolg und Macht. Wer in die Schüssel kacken kann, der kann auch Astronaut, Feuerwehrmann oder Sparkassenangestellter werden. Du traust dir alles zu. Und dreißig, vierzig Jahre später: Die Monotonie des ritualisierten Toilettengangs bringt dich fast um. Es ist irgendwann einfach nur noch öde. Es ist so spannend und interessant wie der hundertste Ölwechsel beim Auto. Viele nehmen deshalb irgendwelche Zeitschriften mit, um zu verhindern, dass sie versehentlich zu Tode gelangweilt von der Schüssel fallen und mit dem Kopf auf die teuren Fußbodenkacheln knallen. Und aus diesem Grundgefühl heraus hat sich die Ökoszene entwickelt. Das gesund Essen und Scheißen, wobei man auch schon mal das eine oder andere Sonnenblumenkörnchen aus dem Vollkornbrot vom Vortag in seinen Exkrementen wiedererkennt, gibt dem Leben eine fast schon metaphysische Komponente. Denn wie beim Leben nach dem Tod fragt man sich ja auch: „Wo fließt der ganze Scheiß eigentlich hin?" Rationalisten erwidern da gerne: „Natürlich in die Kläranlage." Die Wiedergeburtsfraktion: „Das kommt alles als Leitungswasser wieder." Der Agnostiker sagt natürlich, wie nicht anders zu erwarten: „Du, echt keine Ahnung." Es sind diese Rituale, die uns Sinn, Richtung und Ziel im Leben geben. Es ist gewissermaßen die Fortsetzung des Sonntagsgottesdienstes mit anderen Mitteln.

Rote Karte

Die Ehe ist eine wunderbare Einrichtung. Das Problem für manche Ehepartner ist vielleicht, dass die Ehe von der Idee her ja unbefristet ist, also open-end-mäßig. Es ist ein bisschen wie ein Schwimmwettkampf, in dem man den Schwimmern unfairerweise vorher nicht sagt, wie lange das Rennen ist. Viele planschen herum, kaspern umeinander, ziehen Grimassen und denken sich, Mensch das läuft doch alles prima, und auf einmal bei der Vierhunderttausendmetermarke zeigt der Ehepartner wie aus heiterem Himmel die rote Karte - ab zum Duschen, disqualifiziert, entsorgt, Feierabend. Du weißt nicht, woran es liegt, ob du zu schnell oder zu langsam warst, brustgeschwommen statt gekrault bist oder deine Wende alle fünfzig Meter so sexy war wie Helmut Kohl in Unterhosen beim Bodenturnen. Wenn du nicht weißt, wie lange das Rennen ist, ist es dir fast unmöglich, die Kräfte richtig einzuteilen.

Urin- versus Chlorkonzentration

Ich verstehe viele Menschen die sich mit Gott, Religion und Kirche eher schwer tun. Vielleicht haben diese Menschen auch Recht, dass nicht alles an der Religion wahr ist, vieles verklärt und mystifiziert. Auf der anderen Seite ist etwas glauben zu glauben, was nicht falsch ist, aber auch nicht erwiesenermaßen wahr ist, vielleicht trotzdem irgendwie o.k. Wenn ich in ein Freibad gehe, weiß ich ja auch, dass die Urinkonzentration im Nichtschwimmerbecken an einem Hochsommertag größer ist als die Chlorkonzentration. Obwohl ich das weiß, gehe ich ins Wasser und tue so, also glaube, dass es trotzdem irgendwie in Ordnung ist in diesem Moment. Es macht halt Spaß, in diesem frischen Nass herumzutoben, ich muss mir deswegen doch nicht permanent vergegenwärtigen, dass ich in Pisse bade oder es vielleicht doch nicht wahr sein könnte, was die Religion sagt.

Lösungsorientierte Beratung

In den letzten fünfzehn Jahren habe ich mich zu meiner eigenen Verwunderung immer mehr zu einer richtiggehend lösungsorientierten Persönlichkeit entwickelt. Von der Problemhypnose zur Lösungstrance heißt mein neues Motto. Ich versuche das durchaus auch in meinem persönlichen Umfeld zu leben. Vor zwei Monaten kam ein Bekannter völlig aufgelöst zu mir und sagte: „Meine Frau hat mich gestern betrogen, die Schlampe!" Ich habe versucht, ihm ein paar praktische Tips zu geben. Hin zur Lösung und weg vom Problem. Der neue Schlachtruf in der Psychologie lautet ja: Gott ist tot, Freud ist tot, also lasst uns endlich auf die drei, vier Dinge konzentrieren, die noch so halbwegs funktionieren. Ich habe also auf erfrischend postfreudianische Weise versucht zu reagieren - was so viel heißt wie: Freud würde sich im Grab umdrehen - und habe voller Empathie zu ihm gesagt: „Rede nicht so einen Stuss. Brauchst du einen Schnaps? " Also nicht wie früher, als man alles zu Tode analysiert hat, das ganze Vorgeplänkel: Meine Kindheit war schlecht, ich konnte kein Selbstwertgefühl entwickeln, Frauen haben mich nie beachtet, meine Mutter wollte mit mir schlafen, als ich sechzehn war. Mein Vater hat daraufhin das Bezahlfernsehen gekündigt. Das bringt ja alles nichts, das zieht ja nur noch mehr runter. Also habe ich zu ihm gesagt: „Sieh es doch mal so: wenn sie gestern mit einem anderen geschlafen hat, dann heißt das doch auch gleichzeitig, dass sie dich manchmal, vorgestern, vorvorgestern, letzten Muttertag, letztes Weihnachten nicht betrogen hat. Hast du daran schon mal gedacht?" Das Problem war: Mein Bekannter hat mit lösungsorientierter Beratung wenig am Hut, ist Jurist und lebt somit von Beruf wegen schon in einer eigenen Welt, in der man subsumiert, abstrahiert und weiß der Teufel alles macht. Auf jeden Fall hat er dann gesagt: „Ich glaube ich, bringe sie um." Ich kann nicht erklären warum, aber ich fand das an der Stelle irgendwie unreflektiert. Ja, es kam dann auch mein Bus, ich habe von ihm seither nichts mehr gehört, also ich hoffe, es geht ihm gut.

Verschüttete Stammesinstinkte

Ich bin ein bekennender Fußballfan. Viele Intellektuelle stehen ja mit Fußball ein bisschen auf Kriegsfuß, ich dagegen bin .... kein Intellektueller, ich liebe Fußball. Ich finde, das Faszinierende am Fußball ist, dass er wieder unsere verschütteten Stammesinstinkte anspricht, völlig egal, wer da in den Trikots gerade drinsteckt. Ob die Spieler aus Brasilien, Portugal, Mambia oder Sambia kommen - ganz egal. Man erlebt sich wieder mehr als eine Sippe, die sich um das Lagerfeuer, also um das Bierfass in der Kleingartenanlage versammelt und Merchandising-Schals schwenkend die alten Bräuche des Stammes pflegt, und wenn dabei noch ein schöner Rausch rausspringt, ja, was will man eigentlich noch mehr von einem Wochenende. Sonntagabend geht man wieder in sein Single-Apartment, und freut sich, dass man doch als Lebensinhalt zumindest die Sippe, also diese Bagage hat, die auch für einen einstehen würde, wenn es hart auf hart kommt, die dir einen Six-Pack von der Tanke vorbeibringt, wenn du mal krank bist. Ob sie dich wirklich pflegen würde im Alter, ja, das muss man abwarten, der Hooligan per se ist ja kein typischer Altruist im altgriechischen Sinne.

Internet

Das Internet hat viel verändert. Früher konnte man, wenn man hoffnungslos überschuldet war oder versehentlich einen Mord begangen hatte oder auch nur einen geplanten Totschlag, einen Unfalltod vortäuschen und ein erträgliches und genussvolles Leben als Pornodarsteller in Südamerika führen. Ist doch in der Verwandtschaft regelmäßig passiert, bei Ihnen nicht? Heutzutage landet früher oder später dieser Porno im Internet und ruck zuck ist man enttarnt, sitzt in Deutschland im Knast und die Ehefrau, die fünf Jahre gewartet hat, besucht einen nicht. Weil sie das alles sehr persönlich nimmt. Das sind teilweise schon Dramen, die sich da abspielen in den Familien, nur wegen dieses Internets.

Benchmarking

Eine der größten Irrungen in unserem Wirtschaftssystem ist das sogenannte Benchmarking. Benchmarking bedeutet: Siemens vergleicht sich nur mit dem besten Wettbewerber, nicht mit dem drittbesten oder viertbesten, nein, nur mit dem erstbesten, und stellt dann fest, dass trotz Rekordgewinnen General Electric den gleichen Gewinn, aber mit halb so vielen Leuten macht. Resultat: Die Hälfte der Belegschaft muss von Bord, obwohl das Unternehmen Gewinne macht. Entschuldigung, wenn ich mich permanent mit Brad Pitt vergleichen würde, würde ich depressiv werden, drum sage ich: Ich pfeif aufs Benchmarking. Jeder Psychologe sagt: Sei froh, dass du überhaupt ein paar Stärken hast, sei doch nicht so saublöd und vergleich` dich permanent mit dem Besten, ja, da wirst du deines Lebens nicht mehr froh. Benchmarking ist nichts anderes als ein Depressiva, freilich soll man sich von den Besseren was abschauen, ganz klar, aber es muss doch dann auch wieder mal gut sein.

Führerlos

In Nürnberg fuhr zum ersten Mal weltweit die erste führerlose U-Bahn. Was für eine geniale Erfindung, was für ein cleverer Schachzug der Stadt Nürnberg, um den Lenkern ihrer U-Bahnen auf ganz subtile Art, quasi durch die Blume zu sagen: „Das war`s, Danke für den Einsatz, aber ihr seid ab jetzt so notwendig wie die Leute, die früher an der Tankstelle die Autos voll-getankt haben." Liebe Leute, brauchen wir wirklich eine führerlose U-Bahn, für wen? Wozu? Sicher, wer am Trafo sitzt und Eisenbahn spielen darf, dem macht das vielleicht Spaß, aber ganz ehrlich, ich will mit keiner U-Bahn fahren, die so vollautomatisch funktioniert wie im Welt-finanzsystem der Handel mit Hedgefonds. Das ist mir zu riskant, wenn ich drinsitze! Ich will auch nicht, und nennen Sie mich stockkonservativ, einen Blockierer, einen Modernisierungsverweigerer, ich will und ich werde nicht in ein führerloses Flugzeug steigen. Und wenn das Einzige, was der Pilot macht, ist, dass ich das Gefühl habe, der könnte, wenn er wollte, im Notfall auf einen Knopf drücken, von dessen Existenz ich gar nichts weiß, und was dann irgendwie dazu beiträgt, dass der Absturz nicht ganz so hässlich verläuft. Dann will ich dieses Gefühl haben, und es interessiert mich überhaupt nicht, was die Technik alles leisten kann.

Vollautomatisch

Die Werbung im Internet wird ja immer raffinierter. Kennen Sie doch. Sie lesen irgendwas und daneben wird gleich die inhaltlich passende Werbung eingeblendet. Vollautomatisch wird die dazugeschaltet. Neulich lese ich auf bild.de, wie sich ein B-Promi beim Grillen tödliche Verbrennungen zuzieht, also wirklich gestorben ist, und gleich daneben wurde Werbung für Grills eingeblendet. Vollautomatisch und super-praktisch. Tolle Sache und auch so geschmackvoll! Als nächstes werden bei Berichten über Verkehrsunfälle wahrscheinlich Werbungen von Bestattungsunternehmen eingeblendet, die neuesten Särge der Frühjahrskollektion, wenn man viel Auto fährt und sich nicht mit dem erstbesten Sarg zufrieden geben will, ist das bestimmt eine tolle Sache. Man will ja auch ein bisschen vorausschauend shoppen.

Postmortales Wellness

Viele Menschen fragen sich ja: Soll ich mich in einer Urne bestatten lassen oder nicht. Das ist wie beim Schnitzelessen: Die einen mögen`s paniert, die anderen Natur, also reine Geschmacksache. Wenn Sie Vegetarier sind: Es gibt jetzt diese Ruhegärten im Wald, da kriegt man zu jedem Grab einen eigenen Baum, das ist so eine Art postmortales Wellness, kann ich nur empfehlen. Ich glaube, wer einen Yoga-Kurs für Fortgeschrittene an der VHS absolviert hat, der kriegt noch mal zehn Prozent Rabatt auf die Grabkosten für die ersten zehn Jahre. Das ist so eine Art esoterisches Payback. Cross-Selling nennt man das. Da tut man noch was für den Klimawandel. Wer siebzig Jahre liegt, bekommt angeblich einen Hundertstel-Anteilsschein für diese CO_2-Rechte. Die Erben natürlich. Da ist das Erbe schon lange verschleudert und da kommt dann völlig überraschend der Bescheid: Ab 1.1.2088 können Sie Ihre CO_2-Rechte an Porsche verkaufen. Das gibt dem Wort Transzendenz noch mal eine ganz neue Bedeutung.

Digitale Demenz

Es gibt wirklich so viele falsche Menschen. Sind Sie auch so falsch wie ich zum Beispiel? Immer wenn ich einen Geburtstag vergesse, erzähle ich in meiner Not so wilde konfuse Stories ohne jeden Bezug zur Realität. „Martina, du wirst es nicht glauben, Martina, mein Notebook ist abgestürzt! 5000 Kontaktdaten mit dazugehörigen Geburtstagsterminen, einfach weg. Aber Martina, das wäre ja nicht so schlimm gewesen, weil ich doch die ganzen Daten mit meinem Handy über Outlook synchronisiere, Smartphone, muss ich noch mehr sagen? Dadurch sind die Daten doppelt gesichert und dieses Smartphone, und das ist jetzt das Verhexte und das ist das total Verrückte: Da habe ich einfach vergessen draufzuschauen. Einfach vergessen draufzuschauen, das ist doch absolut unglaublich. Auf jeden Fall Happy Birthday und nix für ungut."

Kalter Krieg und heiße Liebe

Kennen Sie das Geheimnis für eine glückliche Beziehung? Wirklich nicht? Das ist aber traurig. Aber Sie werden es gleich erfahren. Friedensforscher wissen nämlich schon lange: Eine gute Ehe ist wie der Kalte Krieg. Man muss für den Angriff planen, die Eskalation mental vorwegnehmen, damit sie nie eintritt. Denn so sagen diese Friedensforscher, die Ehe ist ein verdeckter Machkampf, eigentlich wie der Kalte Krieg, nur halt verdeckt. Wenn Ihre Frau zu Ihnen sagt: „Du triffst dich heute Abend schon wieder mit deinen Fußballern, liebst du mich überhaupt?" - das entspricht der Stationierung der russischen Mittelstreckenraketen. Eine grausame Drohkulisse. Wenn Sie jetzt sagen: „Ist ja gut Schatz, reg` dich nicht auf, ich bleib` daheim", dann ist das Kräftegleichgewicht nicht mehr in der Balance. Vorsicht, dann droht der Atomkrieg. Wenn der Mann aber sagt: „Ach was, ich gehe zum Fußball, nicht mehr und nicht weniger. Ende, Aus!" Dann wäre das wie die Stationierung der amerikanischen Pershing-Raketen. Wenn er dann noch sagt: „Meinetwegen kannst du dich nächsten Dienstag mit deinen Freundinnen treffen," dann haben wir wieder ein Gleichgewicht der Kräfte. SALT II, hat man früher gesagt, oder Pepper I. Es geht immer um Macht in einer Beziehung, ob wir das wollen oder nicht. Das war bei Romeo und Julia nicht anders als bei Klaus und Klaus oder bei Bernhard und Bianca, und wenn wir uns das eingestehen, können wir mit den einfachen Regeln des Kalten Krieges die Hitze unserer Liebe bewahren. Gefahr ist erst dann im Anmarsch, wenn man sich denkt: „Ach, Blödsinn, Waffen stationieren? Wir machen auf Friede, Freude, Eierkuchen!"

Witziges Todesdatum

Was bewegt diese Menschen, die immer an so witzigen Tagen heiraten? Am 10.10.2010 oder am 12.12.2012 - ich bin mir nicht ganz sicher, was ich davon halten soll. Ich meine, muss von allen Dingen, die bei einer Hochzeit schön sein können, das Datum das Witzige sein? Wer hat da was davon? Sagen dann vielleicht die Freunde: „Genial, am 11.11.2011, ganz ehrlich, ihr zwei, wie seid ihr auf diese Idee gekommen?" Das ist fast so genial wie sein Kfz-Nummernschild mit den eigenen Initialen prägen zu lassen, das ist so originell, man darf es fast nicht weiter-sagen, sonst kommt noch jemand drauf. Aber wozu? Bis auf die Eheleute selber hat das Datum doch fast keine Öffentlich-keitswirkung. Was anderes wäre es sich ein witziges Todesdatum auszudenken, also das finde ich wiederum originell, beispielsweise den 5.5.2055. Das gibt einem ein Ziel, auf das man hinarbeiten kann, das fokussiert die eigenen Energien noch mal. Und vor allem kann man mit dem Datum auf dem Grabstein die Friedhofs-gänger die nächsten fünfzig Jahre beein-drucken. Je nachdem halt, wie lange die Kinder das Grab noch bezahlen. Also witziges Todesdatum. Tipp von mir.

Probieren Sie`einfach mal aus. Sagen Sie mir dann, wie es gelaufen ist, vielleicht empfehle ich es irgendjemandem weiter.

Die Antwort auf alles

Viele Leute fragen mich immer wieder: „Du, Schang, oder Jean, oder wie du halt heißt, du erzählst so viel über Gott und Religion, bist du eigentlich gläubig?" Und dazu sage ich immer: Ich bin gläubig, aber ich habe meine eigene Theorie. Ich bin davon überzeugt, dass es Gott gibt, aber ich glaube gleichzeitig, dass er irgendwann mal uns einfach vergessen hat. Alle Indizien deuten darauf hin. Das kennen Sie doch auch, Sie fangen mit etwas an, mit Staubwischen oder eine Banane schälen zum Beispiel, dann klingelt der Briefträger, und wenn der weg ist, machen Sie mit etwas ganz anderem weiter, als wenn Sie nie angefangen hätten, staubzuwischen oder zu .... Genauso war es bei Gott. Er wollte was Tolles erschaffen, war mittendrin und ist dann wahrscheinlich durch irgendeinen dummen Zufall abgelenkt worden, vielleicht nur eine Kleinigkeit, irgendein Anruf, ein anderes Projekt musste fertig werden, und weil Gott vom Typ her sowieso zu Unkonzentration neigt, wie viele Erfnder, hat er uns EINFACH vergessen. Das Projekt Erde und Menschheit steht seitdem in einer Kiste halbfertig unter dem Bett vom lieben Gott. In der Kiste entwickelt sich schon ein Eigenleben, manche Organismen versuchen aus der Kiste rauszukrabbeln, Stichwort Mondfahrt, aber von den Kistenbewohnern kann sich das keiner erklären. Die denken sich, Mensch, das hat doch alles ganz gut angefangen, warum geht's jetzt nicht weiter, warum läuft da alles aus dem Ruder? Krieg, Faschismus, Fasching, Sterben, da gibt's doch kein Ziel und keinen Sinn in der ganzen Sache! In ihrer Verzweiflung entwickeln die Kistenbewohner obskure Theorien, wie alles entstanden sein könnte, schwingen sich zu Religionsgründern auf. Das ist meine Gottestheorie, die alles erklärt und die auch noch offen lässt, dass der liebe Gott irgendwann mal, vielleicht in tausend Jahren beim Saubermachen diese alte Kiste unter dem Bett findet und sich sagt: „Ach, um Gottes Willen, ihr armen Menschen, das tut mir jetzt echt leid, ich habe euch total vergessen. Kommt, jetzt gehen wir erst mal raus in den Garten, a bissl frische Luft." Das Paradies. „Übrigens, das mit dem Sterben und dem Leiden, das ist jetzt Vergangenheit, das war ja nur, weil ich euch vergessen habe, das wollte ich eigentlich schon vor fünftausend Jahren abschaffen. Das Sterben war sozusagen ein Bug in der Beta-Version. Ab jetzt ewiges Leben für alle!"